基于多源数据的广州地铁 TOD 开发研究

JIYU DUOYUAN SHUJU DE GUANGZHOU DITIE TOD KAIFA YANJIU

滕 丽 蔡 砥 钟楚捷 著

图书在版编目(CIP)数据

基于多源数据的广州地铁 TOD 开发研究 / 滕丽,蔡砥,钟楚捷著. —武汉:中国地质大学出版社,2023.12
ISBN 978-7-5625-5756-2

Ⅰ.①基… Ⅱ.①滕… ②蔡… ③钟… Ⅲ.①地下铁道运输-交通运输管理-研究-广州 Ⅳ.①U231

中国国家版本馆 CIP 数据核字(2024)第 008019 号

基于多源数据的广州地铁 TOD 开发研究	滕 丽 蔡 砥 钟楚捷 著
责任编辑:周　旭	责任校对:张咏梅
出版发行:中国地质大学出版社(武汉市洪山区鲁磨路388号)	邮编:430074
电　　话:(027)67883511　　传　　真:(027)67883580	E-mail:cbb@cug.edu.cn
经　　销:全国新华书店	http://cugp.cug.edu.cn
开本:787 毫米×1 092 毫米　1/16	字数:269 千字　印张:10.5
版次:2023 年 12 月第 1 版	印次:2023 年 12 月第 1 次印刷
印刷:湖北睿智印务有限公司	
ISBN 978-7-5625-5756-2	定价:58.00 元

如有印装质量问题请与印刷厂联系调换

前　言

随着我国城市化的推进,城市规模不断扩张,越来越多的城市面临交通拥堵、国土空间利用低效、城市发展韧性不足等问题。产生这些问题的根源在于城市规划建设中人们长期秉持城市功能分区的传统,而这种将城市空间按照功能分割使用的思想在城市规模扩大到一定程度后就不再适用了。城市发展需要寻求新的思路,而按照"合"的思想组织城市空间是新城市主义的核心。以公共交通为导向的开发(transit-oriented development,TOD)作为新城市主义的一种代表性规划手段,是基于"交通—土地利用"互动关系的土地开发创新模式。国外实践显示,TOD对重塑城市空间结构、改善城市交通拥堵、引导城乡土地合理开发利用具有积极影响。TOD理念源自美国,由于中国与美国存在政治、经济和文化的差异,所以TOD模式需要进行中国本土化的探索。

自2010年以来,中国城市轨道交通总里程基本保持着15%以上的年均增幅。截至2020年底,全国建成运营地铁总里程为6 302.79km。上海、北京、广州等城市已形成规模较大的城市轨道交通网,承担了50%以上的城市公共交通,地铁站点周边800m范围内人口覆盖比例已超过城市总人口的1/4。广州作为粤港澳大湾区的重要核心城市,处于对内和对外发展两个扇面的枢纽位置,城市轨道里程位列全国第三,截至2020年底,广州在建及规划TOD项目超过100项。广州的地铁TOD建设在全国处于先行先试的行列,急需对前期的TOD建设实践进行总结,以便为我国城市地铁TOD规划建设的合理推进提出来自广州版本的参考。2020年9月,广州市城市规划设计有限公司委托广州大学以"TOD开发项目案例研究及开发模式总结"为题,对广州市地铁TOD模式开展研究,该课题于2021年11月29日通过了专家评审验收。为了让该研究成果更好地服务于中国地铁TOD的规划和建设,我们将该课题的相关研究结果整理出版成书。

该课题的研究意义体现在3个层面:在认知层面,厘清TOD站城关系、TOD站线景观变化和TOD站域空间结构3个不同尺度的TOD开发问题;在规划层面,为广州市甚至粤港澳大湾区轨道站点和沿线综合开发提供规划建设的参考依据;在政策层面,针对TOD案例反映出的问题,提出政策建议。

本书的特点:一是涉及多个尺度的TOD研究,拓展了TOD的研究视角;二是大数据方法的运用为TOD尺度的定量研究提供了可能。本书各章节的分工如下:第1章由滕丽、钟楚捷、邱玉燕完成;第2章由蔡砥、钟楚捷、滕丽完成;第3章由滕丽、钟楚捷完成;第4章由蔡砥、阎欣完成;第5章由张秋萌、滕丽完成;第6章由钟楚捷、滕丽、高枫等完成;第7章由滕丽、蔡砥、钟楚捷、吴梦霞完成;第8章由邱玉燕、张秋萌等完成。全书由滕丽统稿。本课题的研究得到了广州市城市规划设计有限公司TOD和交通规划所余二威所长的大力支持,执行规划师陈信余、助理规划师张佳宁全程参与了TOD课题项目研讨,广州湾区新案城市开发投资有限公司董事、总经理助理陈昕先生对课题研究方向和本书的大纲结构给予了建设性的意见,广州大学地理科学与遥感学院地规16级本科生周东权等同学为本书的TOD案例收集做了大量的工作。此外,本书的出版还得到了广州大学地理科学与遥感学院杨木壮教授、姜燕宁副教授和中国地质大学出版社张晓红副总编的鼎力支持和帮助,在此一并感谢!由于著者水平有限,书中难免有错漏之处,恳请各位专家、读者批评指正。

著者

2023年7月

目 录

第 1 章 绪　论 ……………………………………………………………………（1）
　1.1　TOD 基本概念界定 ………………………………………………………（1）
　1.2　国内外城市 TOD 开发研究综述 …………………………………………（2）

第 2 章 TOD 开发的基本理论和多源数据的计算 ……………………………（9）
　2.1　理论基础 ……………………………………………………………………（9）
　2.2　多源数据的来源和处理 …………………………………………………（11）

第 3 章 地铁 TOD 站域的空间分异 …………………………………………（25）
　3.1　地铁 TOD 站域的空间界定 ……………………………………………（25）
　3.2　地铁 TOD 站域的功能划分 ……………………………………………（26）
　3.3　地铁 TOD 站域功能的空间分异 ………………………………………（29）
　3.4　地铁 TOD 站域的空间开发潜力 ………………………………………（31）
　3.5　地铁 TOD 站域的空间效能耦合特征 …………………………………（35）
　3.6　结论和讨论 ………………………………………………………………（39）

第 4 章 TOD 站域空间的景观格局变化 ……………………………………（41）
　4.1　交通发展与城市景观格局变化 …………………………………………（41）
　4.2　景观格局分析 ……………………………………………………………（41）
　4.3　广州地铁 3 号线站域空间的景观格局变化 ……………………………（44）
　4.4　总　结 ……………………………………………………………………（57）

第 5 章 TOD 站域的内部空间结构 …………………………………………（58）
　5.1　公园前站域 ………………………………………………………………（58）
　5.2　体育西路站域 ……………………………………………………………（64）
　5.3　番禺广场站域 ……………………………………………………………（70）
　5.4　本章小结 …………………………………………………………………（76）

第 6 章 TOD 建成环境的交通效应 …………………………………………（78）
　6.1　地铁 TOD 站域与地铁客流量的关系 …………………………………（78）
　6.2　地铁站点客流量影响因素的地理探测方法 ……………………………（80）

  6.3 地铁客流量的空间分布特征 ……………………………………………… (84)
  6.4 建成环境对地铁站点客流量的影响 ……………………………………… (85)
  6.5 因子组合对地铁客流量的交互效应 ……………………………………… (88)
  6.6 地铁客流量影响程度的局部空间分异特征分析 ………………………… (91)
  6.7 结论和讨论 ………………………………………………………………… (92)

第 7 章 地铁 TOD 站域的空间溢出效应 ……………………………………… (95)
  7.1 问题的提出 ………………………………………………………………… (95)
  7.2 研究方案设计 ……………………………………………………………… (96)
  7.3 地铁 TOD 站域地价的时空特征 ………………………………………… (98)
  7.4 地铁 TOD 站域内的地价分异 …………………………………………… (101)
  7.5 地铁 TOD 站域空间溢出效应的检验 …………………………………… (103)
  7.6 总结和讨论 ………………………………………………………………… (107)

第 8 章 TOD 开发的制度保障与政策体系 ……………………………………… (109)
  8.1 国内外 TOD 开发的相关政策 …………………………………………… (109)
  8.2 广州市 TOD 开发的相关政策和模式 …………………………………… (129)

主要参考文献 ……………………………………………………………………… (140)
附 录 …………………………………………………………………………… (148)

第1章 绪　论

1.1　TOD基本概念界定

1.1.1　TOD

TOD最早由新城市主义的代表Peter Calthorpe于1993年提出,是为了解决"二战"后美国城市无限制蔓延而采取的一种以公共交通为中枢,综合发展的城镇开发模式。Peter Calthorpe(1993)将TOD定义为一个在公共交通站点和核心商业区平均2000ft(约600m)步行距离内的多功能社区,该社区集商业、居住、办公、公共活动等功能为一体。之后,尽管不同学者对TOD的表述各异,但对TOD模式的基本理念形成了共识:一是以公共交通站点作为核心,进行有序的开发建设;二是土地开发利用率高,用地布局紧凑且混合使用;三是倡导公交出行,营造良好的公共交通出行环境。基于TOD的基本理念,学者们在规划层面也提出了一些可操作性的原则。1997年,Robert Cervero等提出TOD的3D原则,即高密度开发(density)、用地多样性(diversity)和人性化设计(design)。2008年,Robert Cervero和Reid Ewing将3D原则发展至5D原则,即在3D原则的基础上增加了距交通站点的距离(distance to transit)和目的地可达性(destination accessibility)。

1.1.2　TOD站域

根据TOD理论,国内外学者对TOD站域范围的划定主要集中在以轨道站点为圆心、以500~1000m为半径或步行10~15min的可达范围为界。根据《珠三角城际轨道站场TOD发展总体规划纲要》中"站点规划考虑站点周边800m范围",本书所指的TOD站域的范围除了特殊说明以外,均指距离地铁站点800m以内的空间。在ArcGIS中以地铁站点为圆心,半径800m生成的缓冲区,按典型的TOD功能将其内部空间划分为核心商业区、办公/就业区、住宅区、公共/开放空间和次级区域五大功能区。

1.1.3　TOD综合体

TOD综合体是一种将城市综合体与轨道交通站点结合,将交通、办公、商业、居住及其他公共建筑与景观环境等融合进一个项目中,实现多种功能空间垂直叠加的紧凑型项目。

1.2 国内外城市 TOD 开发研究综述

根据邓元媛等(2019)《近二十年国内外 TOD 研究进展综述——基于 CiteSpace 软件的可视化分析》,以公交导向型发展、公共交通导向模式、公交社区等为关键词,在 Web of Science 和中国知网搜索到 1998—2017 年国内外对 TOD 的相关研究发文量为 1244 篇,其中英文 259 篇,中文 985 篇,美国和中国是研究 TOD 的主要国家。截至 2020 年 10 月,与 TOD 研究相关的中文图书已出版 10 多本,这些图书有对美国、新加坡、日本、丹麦、中国香港等国家和地区的 TOD 规划建设经验的介绍,也有对中国内地 TOD 规划建设实践的案例总结。这些文献资料为本研究提供了重要的参考和启示。

1.2.1 国内外研究的总体趋势

1993 年,Peter Calthorpe 在 *The Next American Metropolis: Ecology, Community, and the American Dream* 中基于 TOD 发展策略的城市土地利用制定了一套设计原则,即:组织紧凑的有公交支持的开发;将商业、住宅、办公楼、公园和公共建筑设置在步行可达的公交站点的范围内;建造适宜步行的街道网络,将居民区各建筑连接起来;混合多种类型、密度和价格的住房;保护生态环境和河岸带,留出高质量的公共空间;使公共空间成为建筑导向和邻里生活的焦点;鼓励沿着现有邻里交通走廊线实施填充式开发或者再开发。在美国,以 Robert Cervero 等为代表的学者对 TOD 进行了大量的研究,并取得了丰硕的成果。总体来看,早期,针对 TOD 的研究重视技术手段,专业性很强,主要研究领域偏向交通运输、土木工程类的技术学科;中期,TOD 作为开发模式、交通组织方式等在实践中不断丰富,逐步经历从理论探索向方法实践研究转变;近期,随着 TOD 内涵的不断扩展,在 TOD 实施过程中会遇到利益博弈、产权管理等问题,实施后评价、经济影响、社会公平等问题也受到关注。在国内,TOD 的相关研究起步于 20 世纪初,早期以概念引入以及案例介绍为主;中期经历了 TOD 内涵、原则、实施框架等的本土化探索;近期正在形成一个涉及城市发展模式、交通网络结构、土地利用、社区发展、项目融资等多方面的理论框架和实践模式。

1.2.2 TOD 与城市的关系研究现状

1. TOD 对城市的影响研究

TOD 是基于城市公共交通站点或城市轨道交通站点形成的,对城市空间结构会产生重要影响,且其影响程度与交通建设的时机、时序和空间区位有关,初期的开发模式对后续建设过程中的规划区的用地效率、空间形式、功能和强度分布乃至规划建设时效的发挥将会产生长期影响。世界各国对 TOD 模式在其城市规划中的理解和使用方法并不一致,但发展的侧重点都集中于以大容量的公共交通为载体,以城市空间结构形状为依据,以城市空间有序增长为目标。城市规划主体是公共交通,开发对象是临近公交设施的密集的土地混合使用区域。

我国学者从 21 世纪初开始了大量的 TOD 本土化探索。管驰明和崔功豪(2003)根据中国国情提出实现以公共交通为主体运输体系的城市空间结构模式应有的特点。顾克东(2004)从整体城市的空间结构层面,论述了以公共交通为导向的开发模式如何对团状、轴向发展状、组团状 3 种不同形态的城市空间结构产生影响。肖秀珍(2007)从宏观层面论述了公共交通系统对 3 种不同城市形态的具体影响后,再以中观层面从城市发展轴、城市中心、土地利用这 3 个方面分析公共交通系统对城市发展轴的引导作用,微观层面则从人口和产业结构的角度论述了公共交通系统对城市空间的引导作用。冯越和陈忠暖(2012)通过对比国内外公共交通对城市空间组织的研究,探讨了国内公共交通对城市形态结构、土地利用结构、城市内部功能区的影响。王姣娥(2013)从路网结构、城市规模和城市空间布局的 3 个角度论述了 TOD 对城市空间结构的影响,提出了构建适合中国城市特色的 TOD 模式需遵循 4Ds 原则,并从以下 3 方面进行重点考虑:①建立以大容量公共交通为骨架的运输网络;②围绕核心站点形成重要交通枢纽和经济节点;③围绕核心站点建立良好的公交支线"喂给"。中国城市规划设计研究院(以下简称中规院)深圳分院自设课题"高铁枢纽对城市空间重构影响评估与研究(2019)"基于集合城市理念,分析了国铁、城铁、地铁多网共筑的轨道上的大湾区城市群在空间尺度、产业和出行上的基本特征,提出了旨在打破"中心—外围"模式,以集群枢纽重塑大湾区集合城市的主张,构建去中心化、去边界化的扁平化城镇结构模式。

从上述研究可以看出,宏观层面侧重研究 TOD 对城市空间重构的影响,相对而言,对城市空间结构如何影响 TOD 的功能定位和相应的开发等级则关注不足。因为 TOD 功能不单纯取决于站点在城市交通网络中的作用,实质上城市内部空间结构影响着 TOD 的规模和功能;所以 TOD 与城市的关系在宏观层面上存在另一个视角,即城市空间结构对 TOD 功能定位和开发等级的影响,这个视角往往对 TOD 规划更有意义。

2. TOD 的类型划分的研究

从宏观上看,城市对 TOD 的影响体现在对城市 TOD 站域功能分异的作用方面。针对 TOD 站域功能分异研究的文献较少,但是可以从交通站点的功能划分的相关研究中获得启示。有关交通站点功能的研究经历了从认识视角单一向多维度的综合指标体系发展的变化。龚晓芳(2009)认为影响车站交通接驳功能定位的主要因素有车站所衔接的客运交通方式的种类和线路数,轨道交通线路的层次,车站常规公交接驳区域的大小,车站集散客流量、换乘客流量大小 4 个方面,按交通接驳功能将轨道交通车站分为综合枢纽站、交通接驳站、片区接驳站和一般换乘站 4 种类型。安萌(2010)认为对城市轨道交通站点的功能定位主要基于土地利用和综合交通一体化两个影响层次,从交通枢纽、商业区站点、居住区站点和一般站点进行城市轨道交通站点的功能定位。廖骏(2012)分析了站点对周边土地利用的影响、轨道站点周边的土地利用模式、站点周边城市立体空间的综合开发以及轨道交通的合理接驳等方面内容,总结了轨道交通站点与周边土地利用的相互关系。随着对轨道站点功能的进一步研究,学者们不再满足于从交通和土地两个层面对其进行分析,开始构建综合性评价体系,进行定量分析。陈丽君(2012)从城市轨道交通站点的节点性和场所性出发,分析站点合理吸引区范围内的土地利用和多模式交通系统状况,运用主成分分析和聚类分析来确定城市轨道交通站点的功能定位。谢涵洲(2015)基于轨道交通与活动空间的功能复合,以供需匹配、轨道接驳、用地性质、公共空间4个层次,建立各类功能分级评价指标,构建城市交通轨道站点的评价分级体系,运用聚类分析测算了站点的交通与活动空间的指标数据,形成轨道站点分级体系,为城市轨道交通站点的复合功能开发设计等工作提供了技术参考。乔韵(2018)重点研究了建构轨道站点交通一体化衔接的综合评价体系以及综合评价方法,并对厦门轨道1号线吕厝站点进行综合衔接评价。刘泉和赖亚妮(2018)以新城市主义规划理念为基础,基于形态准则视角研究了TOD横断面分区分类管理,为TOD在城市和线路层面的分类和形态分区提供了新的视角和途径。

1.2.3 TOD站域的研究现状

在1933年由国际现代建筑协会颁布的《雅典宪章》中,"城市"的功能被概括为居住、工作、游憩和交通,其中,"交通"功能担负着串联起其他城市功能的重要作用。TOD是20世纪90年代源于美国的一种城市开发模式,该模式以轨道交通站点为中心,以500~1000m为半径,进行高密度开发,形成同时满足居住、工作、娱乐、休憩等需求的多功能社区,从而实现生产、生活、生态的高度统一。一个典型的TOD站域也是由不同功能空间的规模占比和空间分布表达的。刘泉(2020)从形态学角度提到道路网结构的布局模式是空间规划设计的基础,并将TOD影响范围内的空间布局模式分为基于小尺度街廓的方格网模式和环形放射模式。

随着人们对空间认知维度的深化,TOD站域作为一种特殊的城市地域空间,其研究内容也随之扩充。早期城市地理学通过土地利用方式揭示城市空间结构,可迁移用于TOD站域的空间结构特征分析;TOD站域作为一种活动的容器,发生在该地域的交通、经济和社会活动以及这些活动在地理空间上的投影都成为TOD站域的研究议题;对这些空间的研究和规划往往以提高空间使用效率为目标。随着地理学的文化转向,站域空间研究强调以空间人为中心,TOD站域的步行环境友好性和公平性受到极大的关注。在实践领域,TOD发展到一定阶段之后,除了在区域层次整合交通体系以外,在社区层次营建宜人的步行环境是其另一个重要的显性特征。TOD站域研究转向空间质量的研究。

在方法上,由于TOD站域并不是传统的统计单元,所以对TOD站域的定量研究大多建立在大数据基础上,滴滴数据、腾讯位置大数据、百度迁徙、移动手机大数据、街景地图、照片或兴趣点(point of interest,POI)、兴趣面等大数据的挖掘为TOD站域空间的定量研究提供了新数据源和新方法。由此形成的研究成果对呈现非典型统计单元的空间结构及其演变特征较传统方法的结果精度更高,时间尺度也更多,提升了研究对象的时空精度。因为数据和方法上的改变,TOD站域尺度的交通动态调控、空间利用效率的精确评估等管理需求才能得以解决。

综合以上TOD站域尺度的研究演进可以看出,TOD站域空间的研究焦点从开始的物质实体空间,向经济、社会、政治、文化空间扩展,虽极大地丰富了TOD站域尺度的研究内容,但是结合不同类型的TOD站域的相关研究在国内还比较薄弱。此外由于国内外人口、土地、社会、文化、制度的不同,TOD站域尺度上的多维的合理空间结构还需要更多的本土化探讨。

1.2.4　TOD综合体的研究现状

随着中国城市化的推进,TOD模式下的城市综合体和交通一体化综合开发是城市开发在微观层面的未来趋势。从垂直空间布局方面来看,TOD的开发模式表现为站城一体化开发,而竖向设计从地下、地面、空中3个层次进行建构,结构上呈现层级与网络秩序,功能上兼顾生活与交通需求。在城市的核心节点和枢纽位置,TOD以"超级综合体"的方式整合呈现出类似20世纪末西方建筑学理论提到的"巨构"模式。

在竖向空间布局方面,车辆段上盖物业的开发要注重对立体空间的综合利用,打破仅从二维平面空间进行规划布局的固有模式,在多维空间中进行混合的土地功能布局,促进各个建筑单体融入城市的空间功能结构,形成与城市空间一体的空间体系。TOD的开发建设是建立在大体量、高密度的开发模式下的,强调车辆段立体功能空间布局的混合开发符合城市土地资源集约利用的要求。在竖向空间设计方面,相关文献一般从研究具体的案例入手,从其交通动线组织、上盖物业业态的开发布局、各类型交通方式的衔接等多方面研究轨道交通枢纽站点的综合开发。日本的站城一体化开发和中国香港的轨道交通上盖物业开发充分体现了TOD开发的5D原则,中国香港和日本围绕轨道交通站点进行垂直空间上的高密度开发的建设实践,为中国内地TOD的发展积累了大量可供借鉴的经验。

综合以上,由于TOD开发理念较晚引入我国的实践领域,覆盖TOD站域范围的全面开发并不普及,仅限于位置处于城市新区重要的交通枢纽站点,且更多的是对原有地铁站点按照TOD理念实施局部更新,TOD综合体是落实TOD理念的常见构建方式。目前在竖向空间布局方面依然存在着问题:规划政策原因导致的站城割裂让过往的轨道站与城市的衔接普遍停留在平面独立设计层面,未能充分考虑到行人全天候的出行需求,也缺乏轨道站体与城市空间的协调;在规划设计时往往容易忽略轨道站点上最集聚的垂直都市节点的站城协同设计,无法协调交通动线和建筑功能布局的精细化设计等。

1.2.5　TOD效应的研究现状

TOD效应表现为直接效应和间接效应。直接效应表现为对交通出行的影响;间接效应则表现为TOD建设产生的除交通效应以外的副作用。本书从溢出角度来探讨TOD的间接效应。

1. TOD直接效应的研究现状

在美国规划协会提出"精明增长"计划和新城市主义理念的背景下,有效应对城市蔓延发展、减少城市交通拥堵和减少空气污染成为重要议题,因此以公共交通为导向发展在城市规划的实践中变得流行。TOD被描述为一种旨在整合土地使用和交通规划的规划方法,它在规划理念上旨在鼓励人们步行、骑行和使用公共交通出行而不是使用私家车,在规划实践上通过开发高密度、混合使用公共交通站点周边的街区,打造适合步行的建成环境。为了实现公共交通出行的目标,TOD逐渐发展成为一种可持续的空间规划策略。在过去的几十年里,越来越多的中国城市开展了轨道交通建设,轨道交通网络重塑了城市的公共交通网络,也为轨道交通建设引导TOD发展提供机会。TOD作为一种城市发展模式，它可以将城市的各种功能单元有效地组织起来，引导人们使用更加低碳环保的出行方式，改善地铁站域建设用地向紧凑、高效发展，以缓解城市用地紧张与无序扩张等问题。TOD项目将公共交通网络与城市土地利用开发有效整合，被广泛认为是一种高效的空间规划手段。新的TOD项目建成与设施周边建成环境品质的改善，不仅会改变区域客流的空间分布，优化居民的出行方式，而且依据环境心理学原理，TOD站域空间作为一种建成环境，其项目建成与品质提升皆会影响区域人们的出行行为，从而对站点客流量产生影响。

为了研究城市地铁TOD项目的可持续性与新项目的可行性，对地铁设施与地铁TOD站域建成环境之间的联系备受关注。地铁TOD站域是一个距离地铁站点一定范围的空间单元。TOD建成环境对地铁站客流量的影响是多元且复杂的，多元指其影响因素的多样性，复杂则是可能存在单个因素或多个因素的组合影响。开展地铁TOD对客流量的影响研究，可以为城市交通发展和城市空间的开发及其更新提供规划参考。但是在TOD建成环境评价指标选择的理论和方法，以及TOD建成环境对站点客流影响的异质性方面，现有的研究还不够完备。

在理论上，目前对TOD站域空间的研究主要依据TOD的3D原则或5D原则。"节点-场所-联系"模型作为一种有效的分析框架，经常用于评价TOD站点属性特征与TOD站域空间的差异化发展机会。该模型旨在分析TOD的两种功能及其联系，这两种功能分别是TOD的区位特征（"节点"功能）与人们活动场所土地开发（"场所"功能），TOD的3D原则被纳入"场所"功能进行具体表达。虽然这种分析框架促进了TOD站域规划方法的发展，但忽视了TOD站点区位特征与站域土地利用还有站域功能耦合联系的相互作用。因此，本书考虑TOD的站点属性特征与5D原则（密度、多样性、设计性、换乘距离和步行可达），将"联系"维度加入"节点-场所"模型中，用于TOD站域特征的评价。由于TOD只是一种规划理念，目前缺少统一的规划标准，所以学者们对"节点-场所-联系"模型的使用有所不同，但共同点都是旨在增加地铁客流量。本书中至少可以确定的是，TOD原则为TOD空间研究提供了理论框架，而各TOD站域研究则依赖于对TOD内涵的解读和对3D（或5D）原则转化为相应的方法以实现原则转化的因子测度与建成环境数据的获取。尽管"节点-场所-联系"模型对总结TOD站域特征具有一定优势，但使用"节点-场所-联系"指标解释地铁客流量的文献仍相对有限。

在方法上，近年来由于直接客流量模型（direct ridership model，DRM）的应用，已有越来越多的研究通过将客流量估计为与各TOD建成环境特征的函数，以调查影响TOD站点客流量的因素。这些研究引入普通最小二乘法回归、结构方程、泊松回归、距离衰减回归等模型探讨TOD站域建成环境与车站客流量之间的影响关系，城市规划从业者和政策制定者可以轻松理解该模型的分析过程与结果，并做出相应的反应。后来的研究提出，使用地理加权回归（geographically weighted regression，GWR）模型、时空地理加权回归（geographically and temporally weighted regression，GTWR）模型等可以克服建成环境存在的空间异质性问题。此外，GWR等模型考虑了空间的不稳定性，可以揭示整个空间参数的空间异质性，并量化各因子在局部空间对因变量的影响系数。然而，地铁客流量的影响机制是多元且复杂的，因子间的耦合作用与交互作用不可忽视,这对探索地铁客流量的变化机制至关重要。地理探测器(GeoDetector)是一种解释空间参数的空间异质性的有效工具,并且广泛用于探测潜在影响因素的单一影响和交互效应。与 GWR 模型相比,GeoDetector 可以探测因子的交互效应对因变量的影响程度。但是,目前作者只发现 GeoDetector 被应用于探测共享单车使用量或交通拥堵与建成环境因子的交互效应影响,尚未发现将其应用于探讨影响地铁客流量的影响机制。

2. TOD 间接效应的研究现状

交通基础设施的外部性是一种客观现象,外部性又称溢出。TOD 是围绕交通基础设施进行的城市开发模式,为此 TOD 开发也存在外部性。本书中对交通基础设施的溢出研究主要从两个方面展开。

一是交通基础设施对经济增长的溢出效应。在新经济增长理论中,溢出是继技术进步之后新的经济增长要素。交通基础设施的投资溢出作为其中一种溢出形式,可以推动区域经济增长,形成新的区域差异。相关研究以国家或区域等宏观空间单元为主,探讨交通设施溢出的增长机制和区域收敛问题。基于城市面板数据,采用空间计量经济学方法的研究表明不同交通基础设施对经济增长的正溢出存在差异。交通基础设施条件的改善加速了流动性生产要素以更加便捷的方式转移到更发达或更偏远的地区,此时交通基础设施的投资往往导致一个地区经济增长速度加快而另一个地区或国家经济增长速度放缓甚至下降,从而产生负的溢出效应。

二是交通基础设施对城市化的影响。交通基础设施建设与城市一体化开发导致"站—城—人"之间的关系重新组合,因此 TOD 开发对城市化的影响主要体现在交通出行和土地利用等领域。TOD 的直接影响效应表现在对交通出行行为的改变上,TOD 开发能够有效减少机动化出行里程,居住在 TOD 社区的人们在出行时更愿意选择乘坐公共交通,工作地位于公共交通设施附近的人们更愿意乘坐公共交通而不会或者很少开车上班;TOD 开发的影响并不仅限于交通系统,对土地利用的影响表现为轨道交通影响范围内土地利用模式的混合利用,致使商业和住宅用地的增长速度比其他类型的快。城市轨道交通投资与中产阶级化之间的因果关系研究表明,增加轨道交通投资对其影响范围内的家庭收入和住房价值具有正的空间溢出效应。如果轨道交通站点建立在低收入社区,可能会引起这些社区的绅士化;而绅士化程度随与地铁站距离的增加而减少,影响范围随车站区域的土地用途而异,且随地铁站的运营年限的增加而呈现出地理上的扩展;中产阶级化的重要表征是地价上升,体现了地铁站对地价形成的间接作用。现有文献对地价的影响因素、空间结构、形成机理等内容有较为全面和深入的解析,交通基础设施作为影响地价或房价的因素之一也被纳入其中。在理论上,阿隆索(1964)的城市土地利用理论为城市地价的形成提供了经典的区位解释。在方法上,特征价格模型被广泛用于地价或房价影响因素的实证研究;为了探讨地价或房价在空间上的关联和分异,空间回归和地理加权等空间统计方法得到了普遍运用。在 TOD 站域尺度上研究房产溢价效应在中国香港得到了实证验证;但在美国圣地亚哥的实证研究中却发现 TOD 的房产溢价效应是有条件的,取决于 TOD 对步行环境的改善。这说明 TOD 的溢出效应可以通过与房价或地价的空间关联来表征,但是在 TOD 站域尺度上的溢出效应还存在争议,受 TOD 内部多种因素的综合影响,需要开展更多的实证检验。

综上所述,交通基础设施的影响效应直接或间接地表现在区域经济增长和城市化两个领域。其中交通基础设施是区域经济增长的前提条件,具有天然的经济联系,交通基础设施对经济增长的影响效应具有经济学理论基础,相关研究以城市或区域等宏观空间单元为主;交通基础设施对城市化的影响则主要体现在土地利用、城市环境、交通出行行为和社区更新等层面,研究的空间单元一般聚焦到交通基础设施的影响范围。在基础设施的溢出研究方面,偏向于宏观空间尺度的研究,对 TOD 站域空间这种小尺度的研究所见成果不多。

1.2.6 文献评述

总体而言,TOD 概念源自美国,21 世纪初我国引入了 TOD 的相关概念和理论并进行了本土化的探索。在理论上,学者们对 TOD 的理念认知比较一致,体现这种理念的规划原则在各个国家得到了推进落实。作者按照空间尺度的逻辑对相关文献进行梳理得出,在宏观尺度,TOD 站点与城市的关系,侧重 TOD 对城市空间发展的影响研究,现有文献虽对 TOD 影响城市土地利用、产业集聚、住区区位迁移和改变城市空间公平性等方面进行了广泛研究,但在城市空间对 TOD 功能和开发的影响研究不足;在中观尺度,TOD 站域多从土地利用结构和城市多种功能空间结构加以分析,但是合理的 TOD 站域结构并没有统一标准;在微观尺度,TOD 综合体的空间规划和设计,以及开发模式存在一些问题,这是综合体开发中的多元利益主体的利益平衡具有复杂性导致的,需要深度研究。TOD 溢出作为一种客观现象,同时又存在外部性定价困难,所以将溢出引入 TOD 开发的多元利益平衡政策或引入相关的利益补偿机制还不成熟,需要做进一步的探索研究。

第 2 章 TOD 开发的基本理论和多源数据的计算

2.1 理论基础

2.1.1 新城市主义

"新城市主义"是基于郊区蔓延和城市问题的反思应运而生的一种新的城市发展理念。它延续了人们对理想城市的梦想:既有适宜居住的环境又有各种便利的生活服务设施,既有城市的优点也有乡村的优点,把人们日常的居住、工作、交通、游憩有机地结合起来,实现人与自然和谐相处。在1993年成立的新城市主义协会推动下,新城市主义迅速在美国各州流行,并渗透到政府一系列城市发展政策中。1996出版的《新城市主义宪章》(*Charter of the New Urbanism*)推动新城市主义思想在世界范围迅速传播,为城市规划和城市设计提供具体的指导。21世纪以来,新城市主义理念被引入我国城市规划领域,并在新区开发、旧区重建的环境再造中得到普遍运用。TOD 模式即是新城市主义的具体体现,新城市主义是理解以"合"的思想重构空间的理论基础。

2.1.2 精明增长理论

20世纪90年代,美国许多城市出现郊区化发展,城市的不断扩张引发了交通堵塞、环境污染等城市问题。1994年,针对"城市蔓延"引发的各种问题,美国规划协会提出了"精明增长"计划。"精明增长"计划的核心内容即通过倡导土地混合利用,保护开敞空间、农田和自然景观以及重要的环境区域,采取紧凑集约的建筑形式,提供混合的多样化优质住宅,并建设适合步行的、特色鲜明而有吸引力的社区,将城市发展融入区域生态体系和人与社会和谐发展的目标中,是一项涵盖了多个层面的城市发展综合策略。"精明增长"计划的目标是通过规划紧凑型社区,充分发挥已有基础设施的效力,提供更多样化的交通和住房选择来努力控制城市蔓延。"精明增长"主要通过政府的引导性、限制性政策法规来实现,主要原则有:①提供多种房屋类型供选择;②创造适于步行的邻里;③鼓励社区与利害关系人的协作;④开发充满社区感、有吸引力的独特社区;⑤确保开发政策的公正、可预知性和成本效益;⑥土地多功能综合利用;⑦保护户外空间,如农田、自然景观和边界环境带;⑧提供多种交通运输方式;⑨加强和引导现有社区的开发;⑩充分利用紧凑的住宅设计。"精明增长"计划为TOD的空间优化和评价指标的构建提供了参照。

2.1.3 圈层结构理论

圈层结构理论是城市三大地域结构模式之一,最早由芝加哥学派的伯吉斯提出,描述了一种单核心结构的城市地域结构,即商业活动处于城市中心,依次向外分别是过渡区、居住区和工业区。圈层结构的基本思想是城市不同性质的活动从市中心开始依次向外形成圈层分布,而具体每个圈层由哪种活动所占据取决于该种活动能够支付租金的能力以及对距离变化的弹性。根据TOD规划原则,提倡临近交通站点的高密度开发,外围可依次降低开发强度,建设步行友好型社区。所以对TOD而言,围绕交通站点也形成了类似的圈层结构。

2.1.4 级差地租理论

级差地租理论是关于地租收益率差额成因的理论,级差地租的概念最早由威廉·配第提出,后由大卫·李嘉图、冯·杜能、马克思等学者不断发展和完善。它探讨同量的资本和劳动投入在面积相等的不同等级的土地上或连续追加于同一块土地上时,带来不等量地租的原因。级差地租的存在解释了不同区位出现不同的经济活动,并为TOD站域圈层结构的形成提供理论基础。

2.1.5 外部性理论

外部性理论是马歇尔在其巨著《经济学原理》中首次提出的,其后由庇古最终确定,它指某一经济主体的活动对其他经济主体产生的一种未能由市场交易或价格体系反映出来的影响。外部性反映的是私人收益与社会收益、私人成本与社会成本不一致的现象。这种现象往往存在于公共建设领域。地铁是城市重要的基础设施,地铁TOD在开发中具有外部性(形式为利益或损害),但是由于它不受市场调节,而且定价困难,所以对这部分由地铁投资产生的外部性并没有体现在常规的开发成本与收益核算中。如果能实现外部性的定量测度,则对完善政府在TOD开发中制定的政策有一定的决策支持作用。

2.1.6 微区位理论

区位理论是关于人类经济活动的空间选择以及一定地域空间范围内经济活动空间组合的理论。传统的农业区位论、工业区位论、市场区位论等对解释宏观经济活动的区位具有重要价值,而对微观层面的区位现象则不具有解释性,因此上海师范大学的白光润教授提出了微区位理论。该理论适用于研究步行街或商业街区等小尺度的经济个体的空间关联和空间竞争关系,对TOD站域、TOD综合体的业态空间竞争与关联具有理论指导意义。

2.1.7 生活圈理论

1965年日本提出"广域生活圈",目的是解决城市化过程中出现的资源过度集中、地区差异拉大、环境严重污染等诸多问题,核心思想是以人的活动需求为主导,针对居民教育、工作、医疗、购物和娱乐等日常生活需要,规划日常生活所需遍及的区域范围为空间规划单元。生活圈界定为:在某一特定地域的社会系统内,人们为了满足生存、发展与交往的需要,从居住地到工作、教育、医疗等生产、生活服务提供地以及其他居民点之间移动的行为轨迹,在空间上反映为圈层形态,具有方向性与相邻领域的重叠性等属性特征。早期日本将生活圈划分为三级,其中,"一次圈"是以托儿所、中小学的服务范围为边界的区域;"二次圈"是包括职业高校、综合医院等综合事务所等在内的区域;"三次圈"是指包括邮政局、消防局等机构的区域。我国学者柴彦威(1996)通过研究单位制度对我国城市生活空间的影响,将城市体系分为三类,即以单位构成"基础生活圈"、以同质单位形成"低级生活圈"、以区为基础形成"高级生活圈"。孙德芳等(2012)以地理学中"时距"为依据,通过居民意愿调查得到的居民到各项设施愿意付出的时间成本,将县域生活圈分为初级生活圈、基础生活圈、基本生活圈和日常生活圈。总而言之,生活圈的划分遵循以人为本与行政管理便利性相结合的原则,结合时间地理学中时距的概念,以时距为依据进行生活圈划分。由于TOD的空间构建原则与生活圈的规划原则具有相似性,所以生活圈的划分方法对TOD的空间划分具有重要的借鉴意义。

2.2 多源数据的来源和处理

为了开展广州市地铁TOD的定量研究,作者采集和处理了21类数据形成数据集,为后续的专题研究提供了重要的数据基础。

2.2.1 城市区位

1. 数据来源

地铁站点的城市区位,指的是地铁站点与城市中心的空间关系,在空间上可以表示为地铁站点与城市中心的距离。测算所需要的数据采集自开放街道地图(open street map,OSM),并通过Geofabrik服务器下载获得OSM数据,数据文件选择的是时间为2020年11月更新的地图数据包。从Geofabrik服务器下载的OSM数据包括行政边界、道路、交通、土地利用等数据。地铁站点通过OSM数据中的交通数据提取获得,城市中心点选取广州市北京路商业中心与珠江新城商务中心点图层,使用ArcGIS软件进行城市区位的空间距离测算。

2. 测算方法

使用广州市2020年OSM交通数据中地铁站的属性图层数据,提取广州市地铁站矢量数据,通过ArcGIS软件标注出北京路与珠江新城中心区点图层,使用ArcGIS软件中的Arc-Toolbox工具箱的邻域分析工具→点距离工具,测算各地铁站与城市中心的空间距离。最后根据地铁站名提取两个距离中的最小值,作为地铁站点与城市中心的空间距离值,以反映广州市地铁站点的城市区位测算结果。

2.2.2 交通区位

1. 数据采集

地铁站的交通区位测算需要用到地铁站点数据以及地铁线网数据,通过使用 OSM 交通数据,提取地铁站点与线路矢量数据,可对地铁站点的交通区位进行测算。

2. 测算方法

地铁站点的交通区位,即地铁站点的内外交通条件,主要用于评价其外部的可进入性,反映站点与外部联系的便捷程度。交通线网的可达性是指利用特定的交通系统从某一区位到达指定活动区位的便捷程度,可用于评价站点在系统中的区位条件,因此在测算中使用线网可达性反映地铁站点的交通区位。线网可达性测算,通常需要考虑所使用的交通系统、采用的距离变量和可获得的机会 3 个方面的影响。在计算地铁 TOD 站点的网络可达性时,将可获得的机会视为相同常量,通过距离变量(距离、时间、费用等)来比较 TOD 站点的网络可达性。作者基于最短出行时间成本,计算地铁 TOD 站点的网络可达性。加权平均旅行时间法的公式为

$$A_i = \sum_{j=1}^{n}(T_{ij} \times M_j)/\sum_{j=1}^{n} M_j \qquad (2-1)$$

式中:A_i 为 i 节点在交通网络中的加权平均出行时间,A_i 值越小,表示节点的可达性越好;T_{ij} 为节点 i 到节点 j 的最短出行时间,采用出行时间衡量;M_j 为节点 j 的质量,反映节点规模对人们移动意愿的影响程度,由于该指标只考虑地铁线网本身,不考虑其他因素对网络可达性的影响(如土地开发因素),因此在地铁线网中将各站点吸引程度视为相同,即将 M_j 视为常量值 1 计算。

为了使计算出的平均出行时间指标在各节点之间具有可比性,采用可达性系数对其进行归一化处理,以便更好地反映各节点可达性水平的相对高低,若可达性值低于平均水平,则表明站点的交通区位条件较好,反之相反。可达性系数 A_i' 为节点可达性值与轨道网络内所有节点可达性平均值之比,其表达式为

$$A_i' = A_i/(\sum_{i=1}^{n} A_i/n) \qquad (2-2)$$

式中:A_i' 为 i 节点的可达性系数;A_i 为节点 i 的可达性值;$\sum_{i=1}^{n} A_i/n$ 为平均可达性值,其中 n 为地铁站点数。

A_i' 值越大,表示节点 i 可达性越差。$A_i' > 1$ 说明该点可达性水平低于区域内平均水平;$A_i' < 1$ 说明该点的可达性优于区域内平均水平;$A_i' = 1$ 说明该点的可达性处于区域内的平均水平。

2.2.3 商业、办公、工业区位

1. 数据采集

地铁站的商业、办公与工业区位可通过测算地铁站域周边地区的基准地价反映,所需的基准地价数据采集自"广州市国有建设用地使用权基准地价发布平台"。该平台由广州市规划和自然资源局向社会公开提供。广州市建设用地使用权基准地价成果包括网格点基准地价和级别基准地价两类,分商业、综合(办公)、居住、工业、公共服务等用途,价格基准日年份为 2003 年、2004 年、2007 年、2009 年、2010 年、2015 年、2017 年、2019 年的基准地价数据。

2. 测算办法

计算中采用的是网格点成果,按照给定半径的圆形缓冲区,计算落在其中的网格点价格的平均值,作为该缓冲区基准地价。如图 2-1 所示,蓝色网格点落在半径 r 的圆形缓冲区内,因此求蓝色点基准地价的平均值。

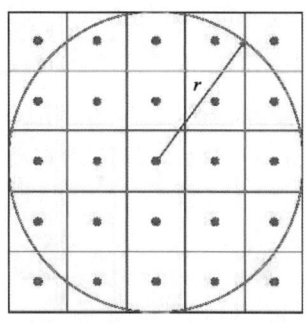

图 2-1 缓冲半径 r 内的网格点纳入测算

由于 2003—2007 年的数据相对较稀疏,许多地铁站周边的基准地价测算无法开展,因此本书中仅采用 2009 年、2010 年、2015 年、2017 年、2019 年的数据。其中,缓冲区半径分别采用 200m、400m、600m、800m、1000m。

用地类型分为商业、综合(办公)、居住、工业。由于公共服务的原始数据比较稀疏,难以开展测算,因此最后以不同半径下的平均基准地价值,表示地铁站相应的商业、综合(办公)与工业区位。

2.2.4 容积率与建筑密度

1. 数据采集

主流的在线地图产品通常有建筑(buildings)图层,该图层具有建筑基底轮廓以及建筑高度(或层数)。采用爬虫工具分别爬取了高德地图和百度地图的建筑图层,通过半自动方法进行图层对比,去除重复冗余建筑。在容积率测算中,按照 3m/层的原则,对两种来源的建筑层

数和高度进行换算融合,生成用于容积率测算的图层。在建筑密度测算中,根据建筑基底轮廓面积与缓冲区范围面积之比,测算出站域周边半径范围的建筑密度。

2. 测算方法

1) 容积率

规划上的容积率是指一宗土地的地上总建筑面积与净用地面积的比率,又称建筑面积毛密度。本书中,以地铁站的特定半径的圆形缓冲区为范围,测算该范围的地上总建筑面积与净土地面积的比率,作为该圆形缓冲区的容积率。

总建筑面积采用一种忽略建筑外形的简化方法,即将所有建筑均视为以建筑基底轮廓为底的多边形柱,因此每栋建筑的总建筑面积计算公式为

$$S_{\text{building}} = S_{\text{basal}} \times n_{\text{Floors}} \tag{2-3}$$

式中:S_{building} 为建筑单体的建筑面积;S_{basal} 为建筑单体的基底面积;n_{Floors} 为建筑单体的层数。

由于爬取时间的限制,仅获得 2020 年的建筑图层,缓冲区半径分别为 800m 和 1000m。对于建筑基底轮廓跨范围的建筑,利用缓冲区轮廓将建筑基底切割为两部分(图 2-2),仅计算落入缓冲区范围内的面积。因此缓冲区范围内所有建筑的总建筑面积的计算公式为

$$S_{\text{buffer\_build}} = \sum S_{\text{inside\_build}} \tag{2-4}$$

式中:$S_{\text{buffer\_build}}$ 为缓冲区范围内总建筑面积;$S_{\text{inside\_build}}$ 为落入缓冲区范围内的建筑面积,包括在缓冲区范围内的建筑单体面积和跨缓冲区范围建筑单体中落入缓冲区范围内的建筑面积。

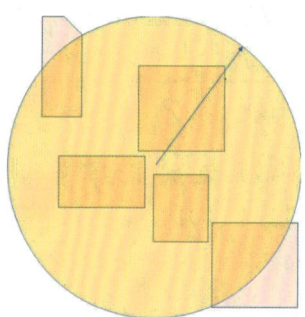

图 2-2 跨范围建筑的处理

2) 建筑密度

建筑密度指在一定范围内,建筑物的基底面积总和与占用地面积的比例,即建筑物的覆盖率。在本书中,建筑密度具体指地铁站的特定半径缓冲区的用地范围内,所有建筑的基底总面积与规划建设用地面积之比,可以反映用地范围内的空地率和建筑密集程度。

由于综合体等建筑单体存在建筑叠合,因此对于此类组合建筑,在计算其基底面积时按其最外层建筑轮廓进行计算。缓冲区范围内建筑密度的计算公式为

$$D_{\text{buffer\_build}} = \sum S_{\text{inside\_basal}} / S_{\text{buffer}} \tag{2-5}$$

式中：D_{buffer_build} 表示缓冲区范围内建筑密度；$\sum S_{inside\_basal}$ 表示缓冲区范围内建筑基底外轮廓面积之和；S_{buffer} 表示缓冲区的用地面积。

2.2.5 站点平均距离

1. 数据来源

站点平均距离的测算，需要用到交通区位测算中获取的 OSM 地铁站点与线网数据，通过计算地铁站点与周边站点的平均线网距离，即可得到站点平均距离结果，并以此反映地铁站点分布的疏密程度。

2. 测算方法

地铁站点的平均距离，即地铁站点与周边临近站点的地铁线网距离，主要评价地铁站距的空间分布的疏密程度。一般情况下城市中心区的地铁站距较外围区域较近，因此地铁站点的平均距离还可以从一定程度上识别城市区位。本书中使用 ArcGIS 测算站点平均距离，使用地铁站点与地铁线网矢量图层，通过 ArcGIS 的 ArcToolbox 工具箱中的"在点处打断线"（split line at point）工具，得到地铁站点间的线网长度，最后对站域周边的线网长度求平均值，得到地铁站点的平均距离结果。

2.2.6 站点出入口数量

1. 数据来源

地铁站点的出入口数量统计，主要使用高德地图查询并统计各地铁站点出口的数量。

2. 测算方法

地铁站点出口的数量基于高德地图查询并统计获得，从实际情况考虑，部分地铁站旁物业也连通着地铁站台与周边的商业街，吸引了较多步行经过的乘客，因此作者认为此类出口与地铁站出口等同，具有统计数量的意义。本书中统计的出入口数量包含地铁公司建设的带编号的出入口与"地铁＋物业"共同开发的无编号的出入口。

2.2.7 人口分布密度

1. 数据来源

地铁站周边的人口密度测算，需要用到地铁站点数据以及人口网格数据，所需数据采集自全球人类居住图层（global human settlement layer，GHSL）数据，选择精度值为 250m 人口格网数据，选择下载的年份为 2015 年，即可获得地铁站域周边范围的人口分布情况。

2. 测算方法

提取广州市行政区范围内的 250m 精度的人口栅格数据,对地铁站点图层使用 ArcGIS 缓冲区分析,得到地铁站域周边半径 800m 范围内的网络人口值;使用 ArcGIS 的 ArcToolbox 工具箱的"以表格显示分区统计"(zonal statistics as table)工具,将落入地铁站周边半径 800m 范围内的网格人口值进行统计求和,获得人口数量值。

由于各地铁缓冲区范围相同,因此可以将缓冲区范围用地面积视为 1 个面积单位,人口密度与其他密度指标的度量上,使用 800m 缓冲区范围内的数量总值作为地铁站周边半径 800m 范围内的相应密度值。

2.2.8 商业分布密度与商业业态数量

1. 数据来源

商业分布密度是将商业网点数与一定空间上的土地面积大小进行对比,以说明商业在空间上的分布强度相对数。随着在线地图的发展完善,数据庞大的城市 POI 图层成为获取商业网点数据的有效途径。作者在高德地图开放平台获取了广州市 2020 年 POI 数据共 102 万条,通过数据清洗和分类,最后共获得商业设施 POI 数据共 32 万条。

2. 测算方法

1) 商业分布密度

使用广州市 2020 年商业设施 POI 数据与地铁站域周边半径 800m 缓冲区矢量数据,通过 ArcGIS 相交分析工具,得到地铁站域周边半径 800m 缓冲区内商业设施 POI 数量,以各个地铁站域周边半径 800m 缓冲区数量值代替密度值测度。

2) 商业业态数量

高德地图商业 POI 数据中包含大量商业设施分类,但这些分类主要是为在线地图商服务的,导致在 8 种大类中,汽车服务类占了 3 种。本书中使用高德地图商业 POI 的中类分类共 51 类,其中包含餐饮服务、汽车销售、生活服务、医疗保健服务和住宿服务 5 种大类的 50 种中类分类,和将摩托车服务、汽车服务、汽车维修 3 种大类归为 1 种的中类分类。最后将站域周边半径 800m 范围内的商业 POI 种类数,用于统计商业业态数量。

2.2.9 办公分布密度

1. 数据来源

办公分布密度是将企业数量与一定空间上的土地面积大小进行对比,以说明企业在空间上的分布强度相对数。虽然城市 POI 图层也提供了大量的企业网点信息,但是企业 POI 在城市郊区的数据质量不如商业 POI 数据,直接使用企业 POI 并不能较好地反映办公分布密度情况。作者通过天眼查平台统计了广州市220个地铁站域周边半径800m范围的企业数据合计共218万条,用于测算企业数量分布密度。

2. 测算方法

使用广州市2020年地铁站域周边半径800m范围的企业POI数据与地铁站域周边半径800m缓冲区矢量数据,通过ArcGIS相交分析工具,得到地铁站域周边半径800m缓冲区内办公企业POI数量,以各个地铁站域周边半径800m缓冲区数量值代替密度值测度。

2.2.10 道路交叉口密度

1. 数据来源

道路交叉口密度的测算,需要用到OSM道路矢量数据,通过提取道路数据中的城市道路属性图层,可对地铁站域的交叉口密度进行测算。

2. 测算方法

使用广州市2020年OSM道路数据与地铁站域周边半径800m缓冲区矢量数据。其中,OSM道路数据提取城市快速路、主干路和次干路图层,合并成城市干道矢量图层。通过ArcGIS相交分析工具,得到地铁站域周边半径800m缓冲区内的OSM城市道路图层,通过目视判别法添加相应的道路交叉口的矢量点图层,最后统计各个地铁站域周边半径800m缓冲区内的道路交叉口数量,作为道路交叉口密度值的测算结果。

2.2.11 公共开放空间密度

1. 数据来源

城市的公共开放空间是为人们提供驻留、休憩、交流、运动等必要的社会活动的场所,因此城市公共开放空间有利于提升城市活力。城市公共开放空间包括广场、绿地、运动场地及校园开放活动场地等用地空间,其中,大部分绿地空间可以通过OSM数据中的土地利用数据提取获得,其余部分绿地空间、广场、运动场地和校园开放活动场地则需要通过在线地图与遥感影像数据,使用ArcGIS软件进行手动数字化获得。

2. 测算方法

使用广州市2020年OSM土地利用数据中公园的属性图层数据,与地铁站域周边半径800m缓冲区矢量数据,通过ArcGIS相交分析工具,得到地铁站域周边半径800m缓冲区内公园绿地图层;各个地铁站域周边半径800m缓冲区内数据缺失的公园图层,以及广场、运动场地和校园开放活动场地图层等,则需要通过在线地图与遥感影像数据,使用ArcGIS软件进行手动数字化获得。最后,统计各个地铁站域周边半径800m缓冲区内公共开放空间面积,作为公共开放空间测算的密度值结果。

2.2.12 综合体建筑规模

1. 数据来源

使用建筑数据矢量图层来测算综合体建筑规模。综合体建筑类型包括商住办综合体、商住综合体、商办综合体、商业+酒店综合体、商业+公园综合体、站场综合体等。作者通过对照百度地图,提取了广州市地铁站周边半径800m的综合体建筑图层。

2. 测算方法

对于建筑基底轮廓跨800m缓冲区范围的综合体建筑,利用缓冲区轮廓将建筑基底切割为两部分,仅计算落入缓冲区范围内部分的面积。统计广州市地铁站周边半径800m缓冲区范围内的综合体建筑的总建筑面积,将建筑面积值作为综合体建筑规模的测算结果。

2.2.13 土地利用混合度

1. 数据来源

土地利用混合度的测算使用的是广州市全域控制性详细规划图像数据,由广州市城市规划设计有限公司提供,作者以控规图像数据测算出不同类型的土地利用的面积与土地利用的混合度。

2. 测算方法

首先,按照城市用地分类表将建设用地与自然用地分为5类($D_1 \sim D_5$类),其中D_1类为文化、教育、健康设施用地面积(A2、A3、A5类),D_2类为休闲、娱乐、体育、公园等休闲用地面积(A4、B1、B3、G1、G3类),D_3类为居住用地面积(R1~R3类),D_4类为工业用地面积(M1~M3类),D_5类为金融、办公、机关、服务设施用地面积(A1、A6~A9、B2、B4类)。

然后,对控规图像进行拼接,通过ArcGIS软件进行基于机器学习的影像识别,添加图像识别的训练样本,计算统计地铁站域周边半径800m范围内$D_1 \sim D_5$类用地的面积。用地面积的测算结果将用于计算土地利用混合度,土地利用混合度F为

$$F = 1 - [(\max D_i - \min D_i/\operatorname{sum} D_i) - (\max D_i - \operatorname{average} D_i/\max D_i)]/2 \quad (2\text{-}6)$$

$$F = 1 - (\operatorname{mean} D_i - \min D_i)/2\operatorname{sum} D_i \quad (2\text{-}7)$$

式(2-6)为地铁站域周边半径800m范围内土地利用混合度F的原始公式,经简化后得到式(2-7),$\operatorname{mean} D_i$表示$D_1 \sim D_5$共5类用地面积的平均值,$\max D_i$表示5类用地面积的最大值,$\min D_i$表示5类用地面积的最小值,$\operatorname{sum} D_i$表示5类用地面积之和。最后,将测算得到的混合度F值,作为土地利用混合度的测算结果。

2.2.14 商业、办公、工业、居住建筑空间占比

1. 数据来源

通过人工数字化赋予建筑数据矢量图层相应的功能属性信息,测算建筑空间面积值。

2. 测算方法

根据百度、高德等在线地图、遥感影像图与POI数据,使用ArcGIS软件对广州市地铁站域周边半径800m范围内建筑的使用功能进行人工识别并赋予相应功能属性。其中,建筑功能包括商业、办公、工业、交通、休闲、公服和居住共7类(图2-3~图2-6)。在对建筑赋予相应功能属性之后,统计地铁站域周边半径800m范围内使用功能的种类数、各类功能的建筑面积与总数占比。同时,测算的结果也将用于测算建筑功能多样性。

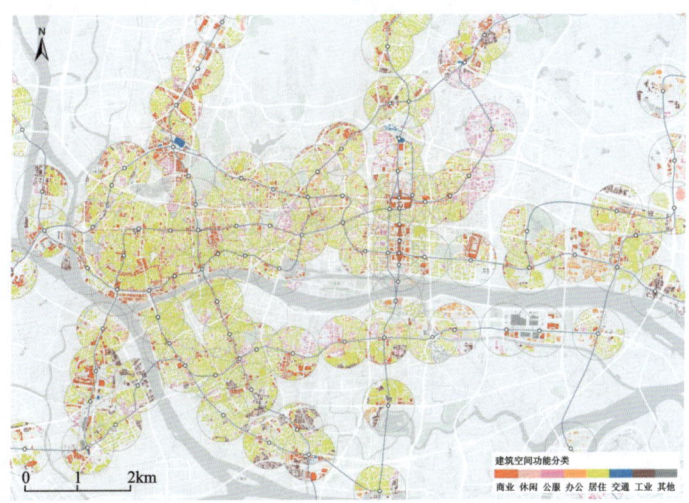

图2-3 建筑空间功能分类结果

图2-4 地铁沙园站建筑空间功能分类

图 2-5　地铁体育西路站建筑空间功能分类

图 2-6　地铁珠江新城站建筑空间功能分类

2.2.15　建筑功能多样性

1. 数据来源

使用经数据清洗的建筑数据矢量图层测算建筑功能多样性,由于土地利用的多样性并不能真正反映各类城市功能在微观空间上的分布,故作者提出测算建筑利用多样性,用以反映地铁站域周边地区的多样性程度。

2. 测算方法

由于从二维平面的角度较难评估站域周边用地在立体空间上功能使用的混合程度,作者对用地均匀度指数给予改进,运用建筑空间均匀度指数 H 评价建筑功能混合度。

曾有学者提出过使用 POI 数据,并通过熵值的算法得到建筑利用多样性的测算结果,但是 POI 数据只有数量上的反映,缺少单个点上质量的考虑(如在某商住小区的测算中,可以得到若干个商铺的POI与一个居住的POI图层),导致商业功能占比过大,即使后续学者使用比例系数的方法抵消这一不足,准确度始终无法得到保障。

因此,本书中将统计得到的地铁站域周边半径800m范围内各类功能的建筑面积占比与城市功能种类数量,用于建筑功能多样性测算。建筑功能多样性H的公式为

$$H = -\sum_{i}^{k} P_i \times \ln P_i \tag{2-8}$$

式中:P_i表示站域周边第i类建筑类别出现的频率,即第i类建筑所占建筑面积的比例;k为站域周边建筑的功能种类数量。

2.2.16 到轨交站点的距离

1. 数据来源

通过百度地图的测距工具获得准确的步行距离,不通过数据图层测算到轨交站点的距离,因此无须获取相关数据。

2. 测算方法

测算地铁站点与周边公交站点的方法有很多,如基于ArcGIS网络分析的最近距离测算、基于在线地图API的线路查询功能等,但是以上方法的测算逻辑基于经数字化的道路与人行道矢量图层,并且只能沿这些道路步行,无法测算经广场空地、商业综合体等未数字化空间步行到达公交站的步行距离,因此作者使用百度地图的在线测量工具,测量地铁站与最近公交站的步行距离,作为到轨交站点的距离。

2.2.17 公交站点的数量

1. 数据来源

通过百度API获取广州市2020年公交站点矢量数据,并通过数据图层叠加的计算,获取统计地铁站周边半径800m范围的公交站点数量。

2. 测算方法

获取广州市2020年公交站点矢量数据后,与地铁站域周边半径800m缓冲区进行ArcGIS相交分析,得到地铁站域周边半径800m范围的公交站点矢量图层,统计每个地铁站点的公交站点数量,用作公交站点的数量的测算结果。

2.2.18 站域周边步行连通性

1. 数据来源

使用OSM的道路图层进行测算,通过对地铁站周边半径800m范围的道路与步行小径进行人工数字化织补,得到的街道矢量图层可用于测算地铁站域周边步行连通性。

2. 测算方法

测算方法分为以下步骤：

首先，获取OSM数据的道路矢量图层，使用ArcGIS软件按图层属性提取可步行道路图层（剔除城市快速路）。

其次，使用ArcGIS相交分析与地铁站域周边半径800m范围进行叠加，初步得到站域周边半径800m范围的道路环境。由于在线地图的道路图层本身有所缺失，并且广场空地、商业综合体、街道巷道等通往地铁站的重要步行空间也有所缺失，道路密度不足的地区、城市新区或是城中村地区的10min可步行范围测算结果误差较大，因此有必要对地铁站域周边半径800m地区的步行路径进行人工数字化补充完全，结果将更真实地反映地铁站域周边的步行连通性。

再次，在ArcGIS软件中，对经过人工数字化的步行街道矢量图层构建网络数据集，使用网络分析中的服务区分析方法，测算出步行800m（即步行10min）的范围区图层并计算其面积。

最后，将步行范围区面积与800m缓冲区图层面积进行比较，使用面积比值作为地铁站域周边半径800m的步行连通性，比值范围在0～1之间（图2-7），比值越接近1，表示站域周边步行连通性越好。

图2-7　地铁站点步行连通性测算结果

2.2.19　到工作地、居住地、医疗设施、教育设施的平均距离

1. 数据来源

到工作地、居住地、医疗设施、教育设施的平均距离的测算，反映地铁站点与周边设施联

系的便捷程度,距离值越小则联系便捷性越好。数据的测算使用到城市 POI 图层与地铁站点矢量图层。作者通过高德地图开放平台获取了广州市 2020 年 POI 数据,并提取对应的工作地、居住地、医疗设施和教育设施 POI 数据,用于平均距离的测算。

2. 测算方法

使用广州市 2020 年工作地、居住地、医疗设施、教育设施 4 类设施 POI 数据与地铁站域周边半径 800m 缓冲区矢量数据,其中工作地 POI 数据包括所有企业大类的属性;居住地 POI 数据包括居住小区、商住两用住宅、商务住宅和宿舍属性;医疗设施 POI 数据包括三级医院、专科医院与诊所属性;教育设施 POI 包括小学、中学、大学与专科院校等属性。

首先通过 ArcGIS 相交分析工具,得到地铁站域周边半径 800m 缓冲区内 4 类设施的 POI 数量。然后使用 ArcGIS 的 ArcToolbox 的点距离分析工具,测算出地铁站点到周边 4 类设施的平均距离,作为平均距离的测算结果。

2.2.20 地铁刷卡数据

依据 2020 年广州地铁年报,在 2020 年 7—8 月期间地铁客流量已恢复至较高且稳定水平。在此期间,广州没有举办节日活动、大型展览活动或体育赛事,也没有票价调整或遭遇台风等极端天气,从而排除了价格变动和紧急情况的潜在影响。因此作者从广州地铁公司获取了 2020 年 9 月 17 日周四和 2020 年 9 月 20 日周日的智能卡数据,包括智能卡 ID、地铁站 ID、出站或入站的数量,并统计了地铁进站乘客数、出站乘客数和进出乘客数总和 3 个指标。

2.2.21 景观格局基础图层

1. 数据来源

反映站域空间的二维和三维景观格局及其变化,需要从不同数据源通过遥感影像处理、空间分析得到基础图层。二维景观格局指标的基础图层采用土地覆盖类型图层,由不同年份的 Landsat 8 OLI_TIRS 数据、Sentinel-1 数据处理而成;三维景观格局指标的基础图层是建筑图层,由作者收集的建筑图层数据形成。

Landsat 8 是美国航空航天局(national aeronautics and space administration,NASA)的陆地卫星计划的第 8 颗卫星,于 2013 年 2 月 11 日发射,它装备有陆地成像仪(operational land imager,OLI)和热红外传感器(thermal infrared sensor,TIRS),其中 OLI 有 9 个波段的感应器,覆盖了从红外到可见光的不同波长范围,分辨率为 30m(全色波段为 15m),是用于分析土地覆盖类型的常用数据源。经过大气矫正和地形校正的 Level 1T 地形矫正影像可以从中国科学院的地理空间数据云平台获取。

Sentinel-1 也就是人们熟知的哨兵 1 号卫星,是欧洲空间局(european space agency,ESA)哥白尼计划中的地球观测卫星,由 Sentinel-1A(2014 年 4 月 3 日发射)和 Sentinel-1B (2016 年 4 月 25 日发射)两颗卫星组成星座,载有 C 波段合成孔径雷达,可提供连续图像。

Sentinel-1遥感影像可通过欧盟的Copernicus平台获取。

建筑图层数据如前文所述,包括建筑基底轮廓和建筑高度(层数),可以用于估计TOD站域空间的建筑覆盖度(建筑密度)和建筑单体的高度、体积等,从而测算站域空间的三维形态。

2. 测算方法

二维景观格局的基础图层通过Landsat 8的OLI_TIRS数据以及Sentinel-1数据进行处理,在研究区内提取水体、植被、不透水面以及裸地等图斑多边形,可以选择归一化指数计算将多光谱数据换成一个单独的图像波段,然后对以上获取的4种土地覆盖类型分别进行重新赋值。其中0表示背景(未确定类型),1表示水体,2表示植被,3表示不透水面,4表示裸地。最后将这5种空间数据进行相加,获得最终成果,输出为TIFF数据格式。

归一化水体指数MNDWI

$$MNDWI=(GREEN-SWIR1)/(GREEN-SWIR1)$$

式中:GREEN为绿光波段Band 3;SWIR1为红光波段Band 6。

对遥感影像进行MNDWI归一化水体指数计算,以0.1为阈值,提取水体空间。

归一化植被指数NDVI

$$NDVI=(NIR-RED)/(NIR+RED)$$

式中:NIR为近红外波段Band 5;RED为红光波段Band 4。

对遥感影像进行NDVI归一化植被指数计算,以0.3为阈值,提取植被覆盖空间。

归一化差值不透水面指数NDISI

$$NDISI=[(TIR1-(MNDWI+NIR+SWIR1)/3)]/$$
$$[(TIR1+(MNDWI+NIR+SWIR1)/3)]$$

式中:TIR1为热红外波段Band 10。

对遥感影像进行NDISI归一化差值不透水面指数计算,以0.1为阈值,提取不透水面空间。

裸土指数BSI

$$BSI=[(MIR+RED)-(NIR+BLUE)]/[(MIR+RED)+(NIR+BLUE)]$$

式中:MIR为中红外波段,采用的是Landsat 8的Band 7;BLUE为蓝光波段Band 2。

裸土指数BSI除了使用MIR和NIR波段外,还结合了RED波段以及BLUE波段,通过归一化处理来提取建筑裸土空间。

三维景观基础图层则直接在建筑图层的基础上,对每一个建筑单体自动计算建筑基底轮廓面积、建筑高度、建筑体积等属性数据,属性数据的计算如前文所述。

获得了二维和三维的基础图层后,进一步计算各种景观格局指标。各个指标的计算式以及具体含义,将在相应章节里详细论述。

第3章 地铁TOD站域的空间分异

现代城市化呈现两种重要趋势:一是城市区域化,表现为单个城市与部分乡村共同构成大都市区;二是区域城市化,表现为多个大都市区共同构成城市群。这两种趋势都有一个共同的结果就是城市规模扩张。随着城市规模的扩张,按照"分"的思想和功能分区的原则规划建设的城市已显现出严重的城市问题,而新城市主义强调"合"的思想以及TOD开发遵循的功能混合原则已成为解决城市蔓延问题的重要途径。TOD开发一方面可以满足城市规模扩张导致的长距离交通出行需求,另一方面可以终结城市的蔓延式扩张模式。站城融合发展是未来城市化的主要趋势。根据TOD开发的理论和实践,一个城市的TOD开发需要在区域宏观层面展开,单个站点的TOD开发无法改变整个城市的交通出行和城市空间结构。所以需要解决城市与TOD站域的关系。TOD站域的空间功能分异为解读城市和TOD站域的关系提供了一种视角。

广州是较早探索TOD开发模式的城市之一。1992年始,广州地铁开始通过公开招商以合作开发的形式引入境外资本,开了单站TOD 1.0的探索;至2010年以站点上盖综合开发为主,将公共交通、商业、写字楼、住宅、酒店等多样化业态整合成城市综合体,形成了站—楼一体的TOD 2.0模式;2017年始,广州地铁以合作开发为主,融入居住、商业配套、公共配套、教育、养老等产业打造大型综合社区,自此迈入站—城一体的TOD 3.0模式;当前,广州地铁正在形成多种开发模式并举,融合公共交通、城市、产业、社会生活、文化为一体,实现"轨道＋生活"的TOD 4.0综合开发模式。在2022年发布的《面向城市更新的中国城市TOD指数研究报告》中,广州市的城市TOD综合指数评分位居全国第二,广州在践行TOD本土化模式中走在了前列。尽管如此,广州市的TOD开发仍限于单个站点的论证和建设,缺少一个宏观研究来概括分析全市地铁TOD站域的功能差异。

3.1 地铁TOD站域的空间界定

在TOD模式引导下,围绕交通站点一定范围所形成的是一个功能混合的复合型空间,在此我们称之为TOD站域,对TOD站域的划定主要以站点为圆心,500~1000m(或步行10~15min的可达范围)为半径。根据相关研究,轨道站域的影响范围为站域周边半径1500m的范围,核心区为站域周边800m范围内,《广州市社区生活圈及公共中心优化专项规划》提出构建15min社区步行生活圈。《广州市轨道交通场站综合体建设及周边土地综合开发实施细则》提出地铁站点周边土地综合开发应结合TOD理论在以轨道交通场站综合体为中心的

800m(约15min步行路程)半径区域建立复合城市功能区,实现城市的精细化发展。因此,本书选取广州地铁站点周边800m范围作为TOD站域的空间边界。

3.2 地铁TOD站域的功能划分

3.2.1 指标体系

在参考了大量的TOD开发案例和有关研究的基础上,基于对TOD理念内涵的解读,作者提出了划分TOD站域功能的指标体系。该指标体系由9个三级指标合成6个维度的分指数(二级指标),再进一步合成1个综合性指数(一级指标)——TOD站域的空间功能指数(表3-1)。

表3-1 TOD站域的空间功能划分的指标体系

一级指标	二级指标	三级指标	指标属性
TOD站域的空间功能指数	交通中心性指数	地铁线路交会数量	正向
		公交站点数	正向
		公交线路数	正向
	区位中心性指数	城市区位	正向
		基准地价水平	正向
	人口密度指数	平均人口密度	正向
	经济活动指数	企业数量	正向
	开发强度指数	容积率	正向
	土地利用多样性指数	土地利用信息熵	正向

TOD站域是城市中的特殊地域空间,本章节取地铁站点周边800m范围,它兼具交通、服务、社会、经济等多种功能,强调多功能混合发展。因此6个维度的分指数分别是:①交通中心性指数,反映交通功能,其中地铁线路交会数量反映地铁站点在地铁网络上的中心地位,而站点周边区域的公交站点数和公交线路数反映地铁站域的交通汇集和疏散作用。②区位中心性指数,将站域提升到城市空间层面测度其区位中心职能,一是城市区位,采用距市中心的距离衡量;二是考虑到地价对空间的中心性具有明显的指示作用,采用站域内各类型用地占比与各类型用地基准地价的乘积求和,合成基准地价水平进行测度。③人口密度指数,通过测算平均人口密度反映社会功能。④经济活动指数,通过天眼查获取的企业数量反映经济功能。⑤开发强度指数,通过容积率反映建筑实体空间功能。⑥土地利用多样化指数,基于各类型用地面积占比计算土地利用信息熵,反映功能混合程度。

该指标体系主要从城市空间功能的角度,融合TOD理念构建指标,采用统计学方法对广州的地铁站域进行类型划分,通过6个维度的分指数组合提取每种类型的基本特征。

3.2.2 指数合成

依据上述指标体系,从三级指标开始按照加法原则构建了6个维度的分指数(二级指标),二级指标加总合成为TOD站域的空间功能指数(一级指标)(表3-2)。

表3-2 TOD站域的空间功能指数和分指数的平均值和标准差

	交通中心性指数	区位中心性指数	人口密度指数	经济活动指数	开发强度指数	土地利用多样性指数	TOD站域的空间功能指数
平均值(M)	0.083 1	0.363 3	0.171 6	0.198 0	0.241 0	0.173 2	1.230 2
标准差(S.D)	0.131 3	0.279 6	0.202 5	0.228 1	0.203 7	0.209 0	0.989 0
$M+1$S.D	0.214 4	0.642 9	0.374 1	0.426 1	0.444 7	0.382 1	2.219 2
$M+2$S.D	0.345 8	0.922 5	0.576 7	0.654 2	0.648 5	0.591 1	3.208 2
$M+3$S.D	0.477 1	1.202 1	0.779 2	0.882 2	0.852 2	0.800 0	4.197 2

注:因四舍五入,数据存在较小误差。

3.2.3 类型划分

以高于平均值加一个标准差作为相应功能的标准,以高于平均值加上几个标准差来表示功能强度。就此将广州市已建成的220个地铁站域进行空间功能类型划分。划分结果显示:有172个站域为Ⅰ型站域,42个站域为Ⅱ型站域,6个站域为Ⅲ型站域。为了说明各种类型站域的特征,分类型计算6个维度的指数(表3-3),并表示在雷达图上(图3-1~图3-3)。

表3-3 分类型TOD站域的空间功能指数和分指数的平均值和标准差

		交通中心性指数	区位中心性指数	人口密度指数	经济活动指数	开发强度指数	土地利用多样性指数	空间功能指数
Ⅰ型站域	平均值	0.040 0	0.261 0	0.098 5	0.110 0	0.164 7	0.133 9	0.808 2
	标准差	0.057 5	0.220 5	0.118 5	0.128 9	0.135 7	0.199 0	0.628 2
Ⅱ型站域	平均值	0.210 6	0.722 3	0.434 2	0.462 6	0.514 0	0.312 0	2.655 6
	标准差	0.155 1	0.109 3	0.237 2	0.191 7	0.177 2	0.185 7	0.298 8
Ⅲ型站域	平均值	0.424 9	0.784 4	0.428 1	0.867 6	0.517 3	0.327 7	3.350 1
	标准差	0.295 3	0.089 4	0.145 4	0.130 1	0.113 9	0.177 8	0.167 8

注:因四舍五入,数据存在较小误差。

Ⅰ型站域的各项功能指数的数值最小,在TOD站域的等级序列中处于最低等级。Ⅱ型站域的各项功能指数的数值居于中间,在TOD站域的等级序列中处于中间等级。Ⅲ型站域的各项功能指数的数值最大,在TOD站域的等级序列中处于最高等级。对比Ⅱ型站域和Ⅲ型站域,可以看出两类站域在区位中心性、经济活动和开发强度上基本相当,而区别在于Ⅲ型站域在交通中心性和经济活力两方面领先于Ⅱ型站域2倍。

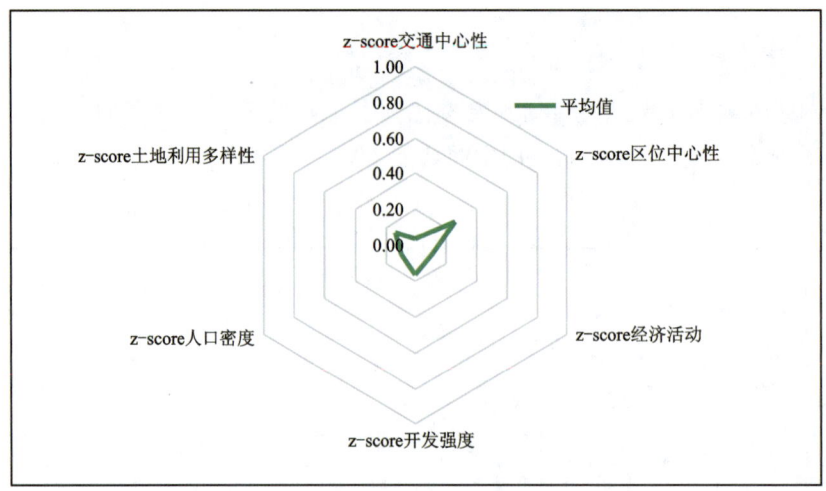

图 3-1　Ⅰ型站域的空间功能分维度指标

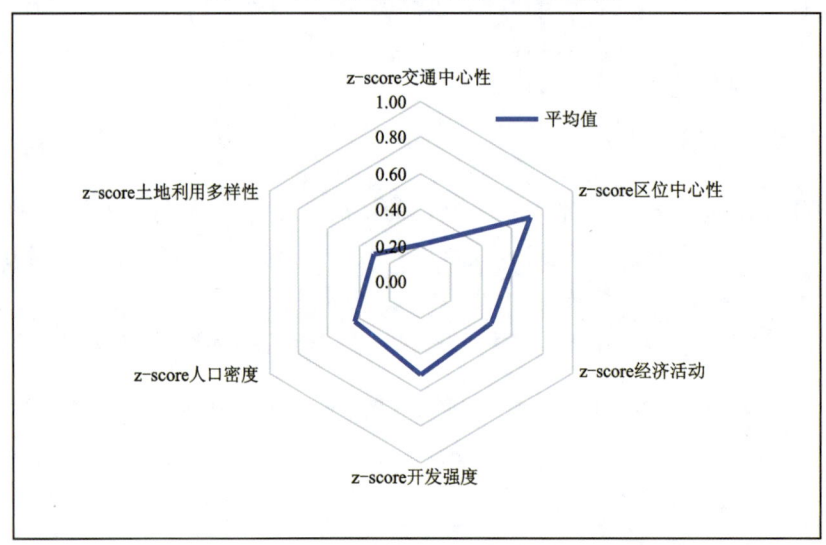

图 3-2　Ⅱ型站域的空间功能分维度指标

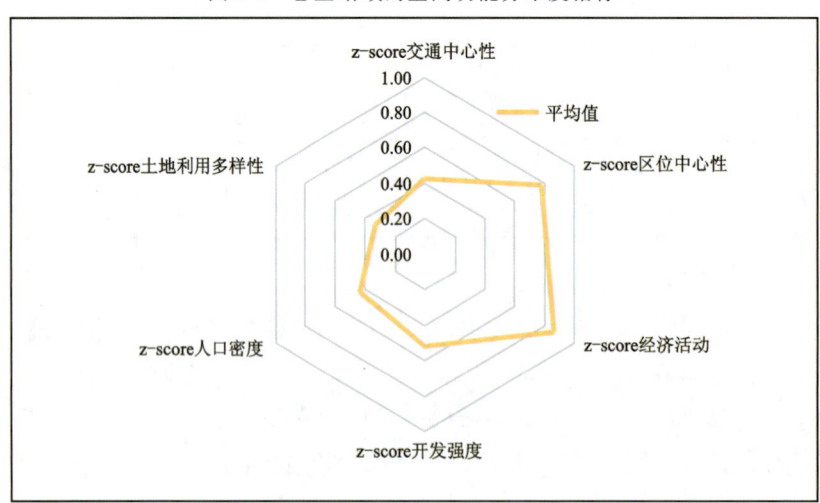

图 3-3　Ⅲ型站域的空间功能分维度指标

3.3 地铁TOD站域功能的空间分异

为了说明TOD站域功能在城市空间中的变化,选择东西向(1号线西塱—广州东站)和南北向(3号线番禺广场—机场南站)地铁线做两个方向的TOD站域的空间功能指数剖面图(图3-4、图3-5),以直观反映TOD站域功能的空间变化规律。

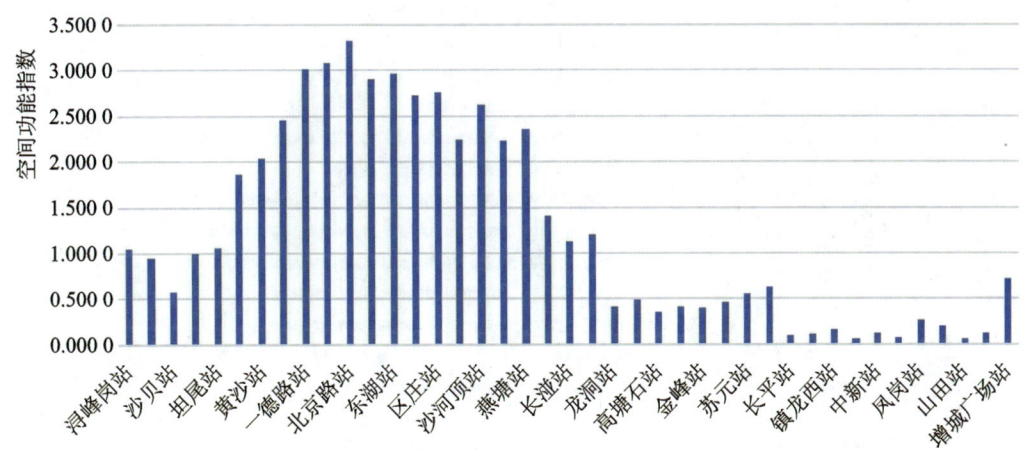

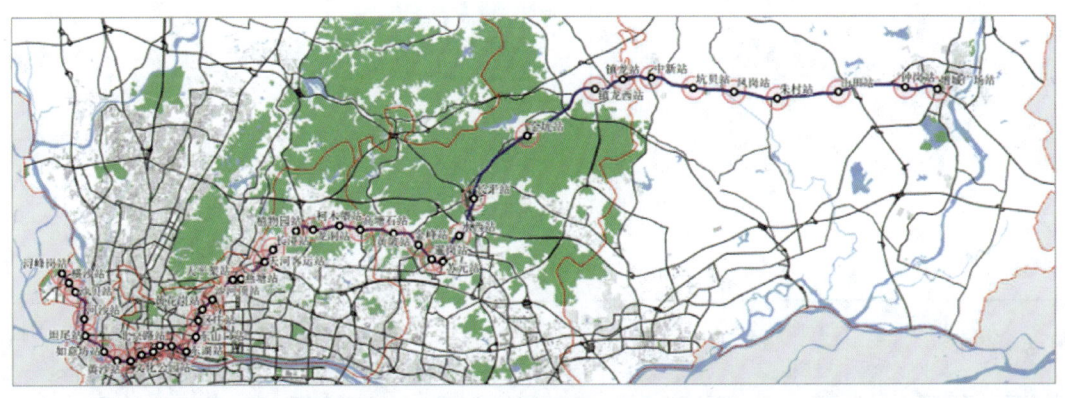

图 3-4　东西向TOD站域的空间功能剖面图

无论是东西向还是南北向线都穿越了城市的远郊—近郊—中心区。以800m为半径的TOD站域在城市中心区存在连续的交叠区,空间功能指数沿样线呈现中间高,两端低的分布模式,这说明地铁TOD站域开发在当前还不足以改变广州的城市空间结构。

实际上,在2018年审批通过的30个地铁站点来推行TOD开发理念也只是限于地铁综合体。依据这30个地铁TOD的功能指数说明广州地铁TOD开发远未展开(表3-4)。

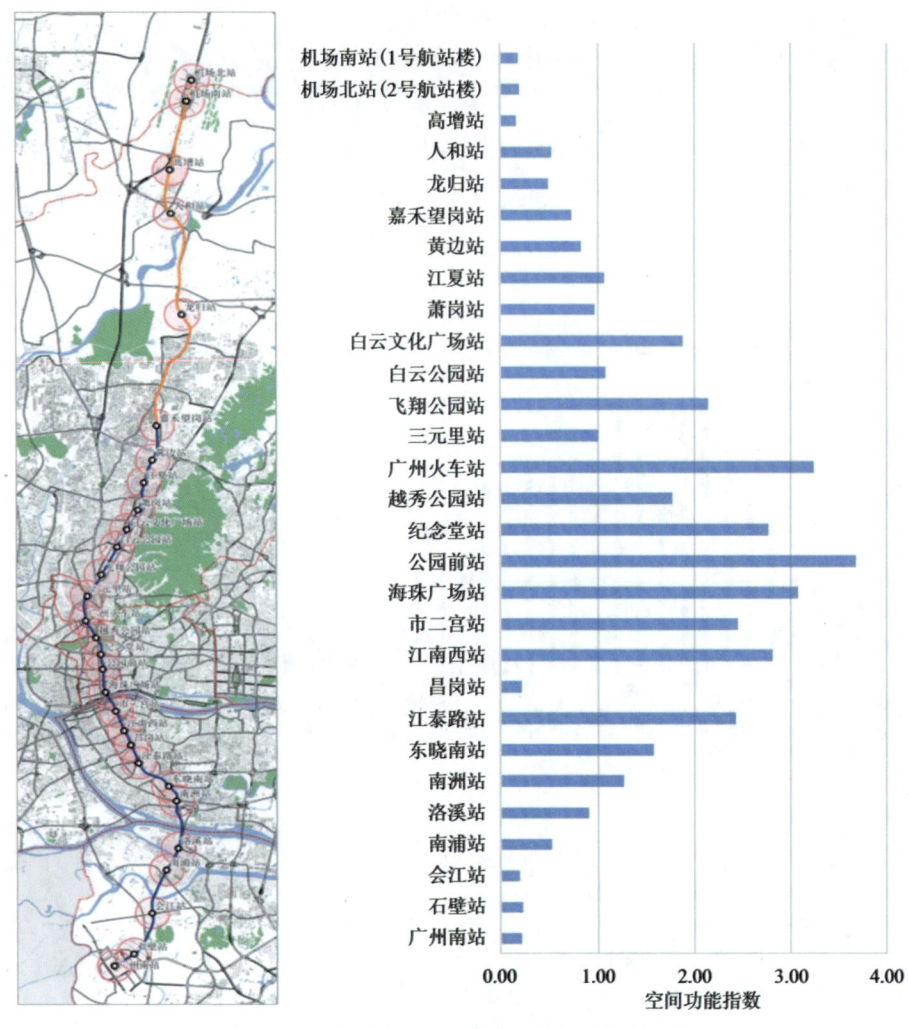

图 3-5 南北向 TOD 站域的空间功能剖面图

表 3-4 广州市地铁 TOD(规划)站域的空间功能指数

站域名称	类型	交通中心性指数	区位中心性指数	人口密度指数	经济活力指数	开发强度指数	土地利用多样性指数	空间功能指数
公园前	Ⅲ	0.608*	0.831*	0.343*	0.894*	0.502	0.503	3.681*
西门口	Ⅲ	0.131	0.824	0.468	0.887	0.512*	0.413	3.234
燕塘	Ⅱ	0.060	0.584	0.232	0.284	0.300	0.895*	2.354
农讲所	Ⅱ	0.154	0.738*	0.500*	0.663*	0.537*	0.493*	3.086*
长寿路	Ⅱ	0.107	0.938*	0.545*	0.438	0.598*	0.136	2.762*
飞鹅岭	Ⅰ	0.008	0.012	0.011	0.050	0.013	0.031	0.124
花都汽车城站	Ⅰ	0.006	0.047	0.023	0.013	0.049	0.461*	0.600
广州北	Ⅰ	0.121*	0.068	0.117*	0.212*	0.364*	0.121	1.003*

续表 3-4

站域名称	类型	交通中心性指数	区位中心性指数	人口密度指数	经济活力指数	开发强度指数	土地利用多样性指数	空间功能指数
双岗站	I	0.011	0.142	0.115*	0.106	0.187*	0.075	0.636
裕丰围	I	0.010	0.231	0.077	0.122*	0.211*	0.151*	0.802
梅花园	I	0.020	0.600*	0.167*	0.160*	0.315	0.022	1.279*
嘉禾望岗	I	0.154*	0.207	0.114*	0.048	0.183	0.026	0.731
黄沙	I	0.215*	0.959*	0.261*	0.106	0.347	0.149*	2.036*
西塱	I	0.101*	0.458*	0.086	0.022	0.212*	0.129	1.008*
菊树	I	0.009	0.357*	0.084	0.009	0.061	0.100	1.520*
沙涌	I	0.040	0.327*	0.187*	0.081	0.134	0.221*	0.988*
汉溪长隆	I	0.028	0.220	0.024	0.040	0.063	0.002	0.378
番禺广场	I	0.242*	0.202	0.071	0.093	0.208*	0.021	0.837*
海傍	I	0.008	0.131	0.012	0.007	0.072	0.000	0.229
市桥	I	0.100*	0.223	0.162*	0.335*	0.319*	0.078	1.217*
南浦	I	0.018	0.230	0.044	0.062	0.163	0.002	0.519
赤岗	I	0.117*	0.584*	0.168*	0.088	0.300	0.383	1.640*
员村	I	0.219*	0.775*	0.165*	0.272*	0.313*	0.099	1.843*
鱼珠	I	0.039	0.194	0.130*	0.103	0.210*	0.474	1.151
龙洞	I	0.005*	0.231	0.026	0.017	0.019	0.121	0.418
天河客运站	I	0.114*	0.390*	0.283*	0.345*	0.271*	0.008	1.410*
蕉门	I	0.043	0.129	0.011	0.040	0.054	0.002	0.279
庆盛	I	0.003	0.036	0.015	0.033	0.002	0.000	0.089
官湖	I	0.001	0.010	0.061	0.001	0.015	0.228	0.315
坑贝	I	0.0001	0.039	0.027	0.006	0.0000	0.0000	0.073

注：*指数值表示高于相应类型站域的平均值。

3.4 地铁 TOD 站域的空间开发潜力

理论上 TOD 的 5D 原则的实质是将交通规划建设和城市土地开发利用相结合,完成新城市主义理念向可操作的规划手段的转化。但是由于在交通网络中的站点作用不均等原因,在城市土地开发中各站域的区位不等同,TOD 站域的空间开发规模、强度和定位相应也有所区别,而且对 TOD 站域的空间开发除了 5D 原则外,缺少更细化的标准,现有的理论和规划对

TOD 站域的空间开发的指导精度不足。上一节对 TOD 站域功能的划分标准虽具有统计学意义,对认识一个城市 TOD 空间功能强度的相对差异具有参考价值,但是对哪些站点适宜做 TOD 开发则没有识别性,所以本节基于"节点—场所—联系"模型原理并考虑在站域的空间耦合协调度挖掘广州 TOD 站域的空间开发潜力。

3.4.1 "节点—场所—联系"模型原理

Bertolini 提出的"节点—场所"模型是评价站域地区发展的一个较为实用的理论模型,其中节点指标测度节点在城市中的可达程度,场所指标测度周边区域土地利用的多样性。Bertolini 将节点指标与场所指标,在"x 和 y"的二维坐标系上表示,可以区分 4 种理想的典型情况:①节点与场所价值皆为最高的"压力"区域;②节点与场所价值皆为最低的"依赖"区域;③节点与场所价值均为中等的"平衡"区域;④节点或场所价值高于另一个导致的"失衡"区域(图 3-6)。运用"节点—场所"模型对站点进行分类,这个二维模型并没有完全体现 TOD 的多维性特征,Su 等(2021)将"联系"引入"节点—场所"模型,"联系"指标体现 TOD 站域范围内不同功能节点的联系便利性,实质上反映了 TOD 站域内部的空间紧密性。在三维模型的框架内,如果每个维度的效能等级分为 3 等,则可以出现 27 种站域类型。

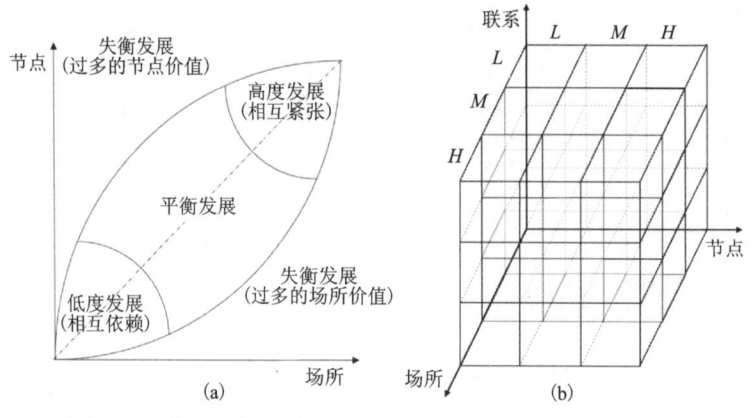

图 3-6 "节点—场所"模型(a)与"节点—场所—联系"模型(b)

3.4.2 指标体系构建

基于"节点—场所—联系"模型 3 个维度构建地铁 TOD 站域空间效能评价体系:①节点维度,反映地铁站域与城市的关系,以 TOD 区位表达;②场所维度,反映地铁站域空间的开发强度,以密度指标和空间多样性表达;③联系维度,反映地铁站域的内部空间结构,以交通换乘及其设施的联系水平表达。最终构建了一个包括 20 个指标的指标体系。其中节点维度包括 6 个指标,即城市区位、交通区位、商业区位、办公区位、工业区位和居住区位;场所维度共 8 个指标,包括 6 个密度指标(平均容积率、平均人口密度、办公分布密度、商业分布密度、道路交叉口密度和公共开放空间密度)和 2 个空间多样性指标(土地利用混合度和建筑功能混合度);联系维度共 6 个指标,包括 2 个交通换乘层面指标(轨交站域换乘距离、公交站域数量)和 4 个目的地可达性指标(到工作地的平均距离、到居住地的平均距离、到医疗设施的平均距离、到教育设施的平均距离)。本书采用极差法对指标计算值进行无量纲化处理,指标属性分为正向和逆向,指标层权重考虑采用层次分析法和熵权法的主客观赋权方法赋权结果,准则层权重使用层次分析法赋权结果,指标体系与赋权结果见表3-5~表3-7。

表 3-5 地铁TOD站域节点维度评价指标体系及权重

目标层及权重	准则层及权重	指标名称	指标层及权重	指标属性
节点维度 0.266 6	站点特性 1.000 0	城市区位	0.254 5	逆向
		交通区位	0.101 9	逆向
		商业区位	0.209 5	正向
		办公区位	0.175 4	正向
		工业区位	0.108 9	正向
		居住区位	0.149 9	正向

表 3-6 地铁TOD站域场所维度评价指标体系及权重

目标层及权重	准则层及权重	指标名称	指标层及权重	指标属性
场所维度 0.366 7	密度 0.583 4	平均容积率	0.135 3	正向
		平均人口密度	0.149 1	正向
		办公分布密度	0.236 1	正向
		商业分布密度	0.194 8	正向
		道路交叉口密度	0.111 7	正向
		公共开放空间密度	0.173 1	正向
	空间多样性 0.416 6	土地利用混合度(F)	0.648 3	正向
		建筑功能混合度(H)	0.351 7	正向

表 3-7 地铁TOD站域联系维度评价指标体系及权重

目标层及权重	准则层及权重	指标名称	指标层及权重	指标属性
联系维度 0.366 7	交通换乘层面 0.583 4	轨交站域换乘距离	0.424 8	逆向
		公交站域数量	0.575 2	正向
	目的地可达性 0.416 6	到工作地的平均距离	0.397 0	逆向
		到居住地的平均距离	0.204 1	逆向
		到医疗设施的平均距离	0.194 6	逆向
		到教育设施的平均距离	0.204 4	逆向

3.4.3 TOD站域效能的空间分异

基于上述指标体系和计算方法,得到了广州市220个地铁TOD站域的节点—场所—联系 3 个维度的效能值 Z_w 和总效能值 Z_{Tw}。

1. 节点维度的效能空间分异

节点维度反映 TOD 区位,其效能值越大说明区位的中心性越强。从全域线网看(图 3-7a),各地铁站域的综合区位水平从城市中心向四周降低,高值站域主要分布在天河、越秀、海珠和荔湾等区,而低值站域主要分布于增城、南沙、花都、从化等区。尽管目前 TOD 开发并没有从根本上打破城市核心—外围结构,但是在偏离市中心的局部地区已经出现了较高节点效能值的 TOD。例如广州大学城和白云新城的地铁 TOD 交通区位效能值偏低,但整体的节点效能值较高,说明居住区位对提升节点效能值是有效的;相反,交通区位效能值较高的黄埔区大沙地、海珠区沥滘及番禺区洛溪和大石站域则表现出较低的节点效能,说明这些站域的居住区位优势有待提升。

2. 场所维度的效能空间分异

场所维度效能反映地铁站域的开发强度和多样性。高值站域主要位于市中心和近郊区的区级中心,如天河区珠江新城,越秀区北京路、公园前、淘金,海珠区江南西,黄浦区大沙地,白云区白云新城,番禺区南村万博等站域。在广州市 CBD 扩展区的琶洲站域受该地域会展功能的规划定位影响,开发密度和强度指标均不大且表现为场所维度效能低,此外低值站域主要分布在以南沙、增城为代表的城市外围区域。场所维度效能的空间分异(图 3-7b)说明城市中心区的 TOD 开发空间十分有限,在城市中心区,地铁 TOD 站域的空间重叠度高,城市中心区的 TOD 开发不适合以单个站点为中心进行开发,而应考虑多个站点形成 TOD 廊道进行功能定位和更新开发。

3. 联系维度的效能空间分异

联系维度效能反映地铁站域的公交换乘及与周边步行目的地的联系水平。从全域看(图 3-7c),高值站域主要分布在开发成熟的老市区商圈,如越秀区三元里、天河区珠江新城、海珠区东晓南—江泰路等。外围地区虽与城市中心区距离较远,但联系效能值在全域上的分布水平均为中高水平,如番禺区市桥、黄埔区科学城和知识城、花都区中心城区、南沙区蕉门等。通过轨道交通建设,TOD 带动广州市向多中心结构演变。而个别低值站域则插花式分布在中心城区和主城区,如五山、官洲、新造等。这些站域空间的公共服务可获得性较弱,公交出行及公共服务设施配套水平均有待提高。

4. 总效能的空间分异

TOD 站域总效能值的空间分布符合城市土地利用的圈层结构模式和地理学第一定律,即位于城市市中心区的 TOD 总效能值最高,且伴随着地铁线向城市外围延伸,其总效能值也随之下降。这说明广州的地铁 TOD 开发潜力从市中心向城市外围逐渐递增(图 3-7d)。

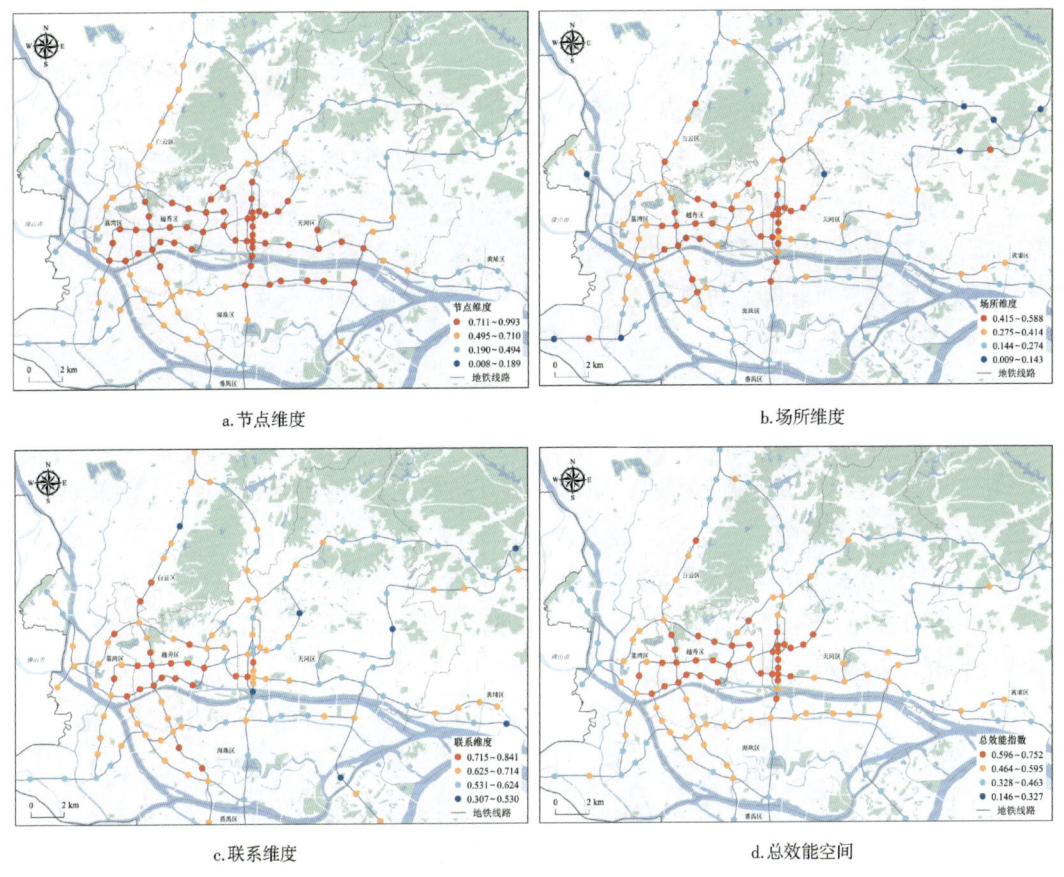

图 3-7 TOD 站域分维度效能的空间分异

3.5 地铁 TOD 站域的空间效能耦合特征

3.5.1 节点—场所—联系耦合度模型

耦合度（coupling degree）最初属于物理学概念，是指存在两个及以上的系统或运动形式通过相互之间的作用而导致彼此影响的现象。耦合度刻画系统间相互作用、相互影响的程度。地铁 TOD 站域是"节点、场所、联系"3 个维度的有机统一体，从"节点—场所—联系"模型分析的视角无法判断站域在多维度间的耦合水平和相互协调水平。作者特提出将耦合度模型与三维模型结合进行站域类型划分。耦合度计算的表达式为

$$C = n \left\{ \frac{Z_{w1} \times Z_{w2} \times Z_{w3}}{\prod(Z_{w1} + Z_{w2} + Z_{w3})} \right\}^{\frac{1}{n}} \tag{3-1}$$

式中：C 为耦合度；Z_{w1}、Z_{w2} 和 Z_{w3} 分别代表节点、场所、联系 3 个维度的指标综合评价值，其值介于 [0,1]。

根据耦合度值的变化,采用中值分段法,将耦合度划分为以下 5 个区间:①当 $0 \leqslant C < 0.2$ 时,各维度处于磨合耦合阶段;②当 $0.2 \leqslant C < 0.4$ 时,各维度处于初级耦合阶段;③当 $0.4 \leqslant C < 0.6$ 时,各维度处于中级耦合阶段;④当 $0.6 \leqslant C < 0.8$ 时,各维度处于良好耦合阶段;⑤当 $0.8 \leqslant C \leqslant 1.0$ 时,各维度处于高度耦合阶段。

耦合度只能说明各维度相互作用程度的强弱,却无法反映彼此协调程度的高低,所以需进一步引入耦合协调度分析。耦合协调度(coupling coordinative degree)被用于度量系统或系统内部要素之间在发展过程中彼此和谐一致的程度,体现了系统由无序走向有序的趋势。基于 TOD 站域的空间效能值和耦合度进一步计算分析节点、场所、联系 3 个维度的耦合协调度,耦合协调度计算公式为

$$D = \sqrt{C \times T} \tag{3-2}$$

$$T = \alpha Z_{w1} + \beta Z_{w2} + \gamma Z_{w3} \tag{3-3}$$

式中:D 为耦合协调度;C 为耦合度;T 为地铁 TOD 站域节点、场所、联系 3 个维度的效能评价指数;α、β、γ 为待定系数。

采用层次分析法得出 3 个维度间的相对权重,$\alpha = 0.266\,6$、$\beta = 0.366\,7$、$\gamma = 0.366\,7$。同样地,采用中值分段法,将耦合协调度划分为 5 个区间:①当 $0 \leqslant D < 0.2$ 时,各维度处于严重失调阶段;②当 $0.2 \leqslant D < 0.4$ 时,各维度处于轻度失调阶段;③当 $0.4 \leqslant D < 0.6$ 时,各维度处于勉强协调阶段;④当 $0.6 \leqslant D < 0.8$ 时,各维度处于良好协调阶段;⑤当 $0.8 \leqslant D \leqslant 1.0$ 时,各维度处于优质协调阶段。

将节点、场所、联系 3 个维度的效能值在 $[0,1]$ 区间内按相等距离划分成 3 个等级,分别为高等(H)、中等(M)和低等(L),将分等级的结果导入"节点—场所—联系"的三维模型中,使得各站域空间效能值落入 27 个小正方体内,然后计算地铁 TOD 站域空间的耦合度,并以此进行站域空间的分类。通过聚类方法提取各 TOD 站域的节点、场所、联系维度及其耦合特征。

3.5.2　站域的三维组合

基于"节点—场所—联系"三维模型和二阶聚类生成 5 种类型的 TOD 站域(表 3-8)。广州市 220 个地铁 TOD 站域在节点、场所、联系 3 个维度的效能均值分别为 0.466、0.239 和 0.615,以此定义所有维度指标值均高于或低于平均值的为平衡类站域,否则为失衡类站域。所以第 1 类站域 3 个维度的效能值均低于全部站域的平均值,属于低平衡类;第 5 类站域 3 个维度的效能值均高于全部站域的平均值,属于高平衡类;第 4 类站域的 3 个维度的效能值除低于第 5 类站域的相应值外,均高于其他站域的平均值,属于一般平衡类;第 2、3 类站域 3 个维度的效能值相较于平均值处于高低不一致的水平,属于失衡类站域,其中第 2 类站域仅有节点效能值高于平均值,属于节点失衡类;第 3 类站域仅有联系效能值高于平均值,属于联系失衡类。

表 3-8　广州市地铁 TOD 站域分类描述性统计与质心特征表

聚类分布			质心					
聚类	个案数	占比/%	节点		场所		联系	
			平均值	标准差	平均值	标准差	平均值	标准差
1	54	24.50	0.110	0.069	0.077	0.046	0.523	0.062
2	52	23.60	0.510	0.153	0.199	0.066	0.567	0.049
3	48	21.80	0.375	0.154	0.220	0.071	0.670	0.040
4	50	22.70	0.757	0.150	0.394	0.076	0.660	0.046
5	16	7.30	0.887	0.056	0.495	0.055	0.777	0.042
组合	220	100.00	0.466	0.288	0.239	0.146	0.615	0.090

将 5 类站域的维度特征通过雷达图进行可视化，可以发现 5 类站域的维度组合不同。第 1、2 类站域的场所效能值较低，说明站域承载的功能单一，属于社区类 TOD，相应的开发规模和强度受限。第 3 类站域的节点效能值居中，但联系效能较高，属于具有开发潜力的 TOD。第 4、5 类站域的节点效能值较高，开发强度也比较高，属于城市类 TOD，新开发潜力有限但更新可能性大（图 3-8）。

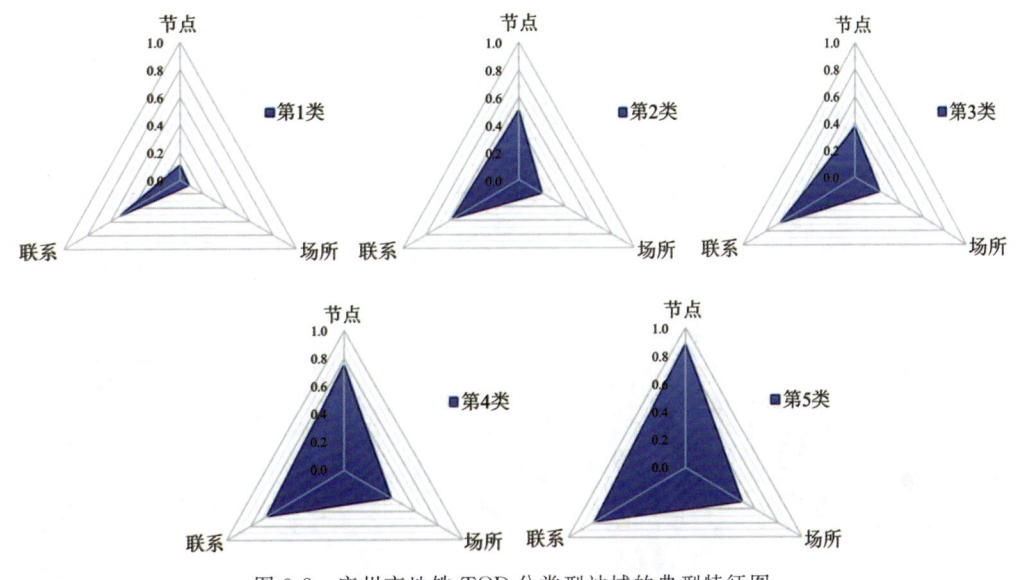

图 3-8　广州市地铁 TOD 分类型站域的典型特征图

3.5.3　站域的三维耦合特征

运用耦合度模型计算 5 类站域的耦合度和协调度，识别各类别站域的三维耦合特征，耦合度模型计算结果如表 3-9 所示。从耦合度看，耦合度值介于 0.692～0.971 之间，各类别站域的耦合度较高，说明节点、场所和联系 3 个维度之间相互作用、相互影响程度较高。由于每类站域内部的协调度存在差异,为了探讨每类站域的高质量发展水平,需要根据式(3-3)计算各类站域的耦合协调度。计算结果显示,其值介于 0.415～0.826 之间(表 3-9)。

表 3-9 广州市地铁 TOD 站域效能评价耦合度与协调度计算结果

TOD 站域类型	节点	场所	联系	耦合度 C	耦合协调度 D	站域数量
第 1 类站域	0.110	0.077	0.523	0.692	0.415	54
第 2 类站域	0.510	0.199	0.567	0.908	0.615	52
第 3 类站域	0.375	0.220	0.670	0.903	0.621	48
第 4 类站域	0.757	0.394	0.660	0.964	0.753	50
第 5 类站域	0.887	0.495	0.777	0.971	0.826	16

将协调度结果按相同间隔在[0,1]上分成 5 个等级,广州市地铁 TOD 站域可分为 5 类 10 种(表 3-10)。从接近 TOD 理想模式程度看,第 5 类站域最接近,第 4 类站域次之,而第 1 类站域相差最远,且在 TOD 模式下各个维度的相互协调度表现各异。第 1 类站域中有 24 个处于轻度失调,第 5 类站域中有 14 个处于优质协调,第 4 类则有 2 个处于优质协调,其他类别站域均处于勉强或良好协调状态。协调度呈现两头小,中间大的正态分布。

表 3-10 广州市地铁 TOD 站域耦合协调度分型结果

TOD 站域类型	协调度分型	耦合协调度均值	站域数量/个	代表性站域
第 1 类站域	轻度失调型	0.340 3	24	机场北、中新、东风
	勉强协调型	0.442 4	30	广州南站、新塘、海傍
第 2 类站域	勉强协调型	0.560 4	25	大石、苏元、龙归
	良好协调型	0.650 9	27	员村、江夏、大塘
第 3 类站域	勉强协调型	0.527 8	16	知识城、蕉门、增城广场
	良好协调型	0.643 1	32	大沙地、嘉禾望岗、花城路
第 4 类站域	良好协调型	0.746 4	48	体育中心、林和西、区庄
	优质协调型	0.811 0	2	体育西路、妇儿中心
第 5 类站域	良好协调型	0.789 6	2	东湖、文化公园
	优质协调型	0.830 0	14	珠江新城、公园前、北京路

3.5.4 各类别站域的空间分异特征

从站域类的空间分布看(图 3-9),第 1 类站域主要分布于城市远郊区,第 2、3 类站域主要分布在城市郊区及城郊边缘地带,第 4、5 类站域主要分布在城市中心区和主城区。第 5 类到第 1 类站域呈从城市中心向外围依次分布,说明广州市地铁 TOD 的空间发展格局特征是趋向城市核心的圈层结构,越是城市中心区,交通网密度越大,TOD 站域的土地开发规模和强度越大。

从站域型的空间分布看(图 3-10),各类别不同协调度的站域出现了交错分布的非核心结构。中心区出现了优质协调和良好协调两种分型。优质协调型的 3 个站域(珠江新城、公园前和北京路)处于城市核心区位,良好协调型站域主要分布在城市中心区和主城区。在郊区地带则有良好协调型和勉强协调型两种分型。其中良好协调型站域往往出现在城市近郊的次级组团核心区位,如天河区的奥体中心、黄埔区的文冲、海珠区的中大、白云区的嘉禾望岗;勉强协调型主要出现在城市远郊的次级组团核心区位,如番禺区番禺广场、南沙区蕉门、黄埔区知识城、花都区中心区和增城区增城广场。轻度失调型站域则出现在地铁 4 号线、14 号线、知识城支线及 21 号线等向城市外围延伸较远距离的位置。

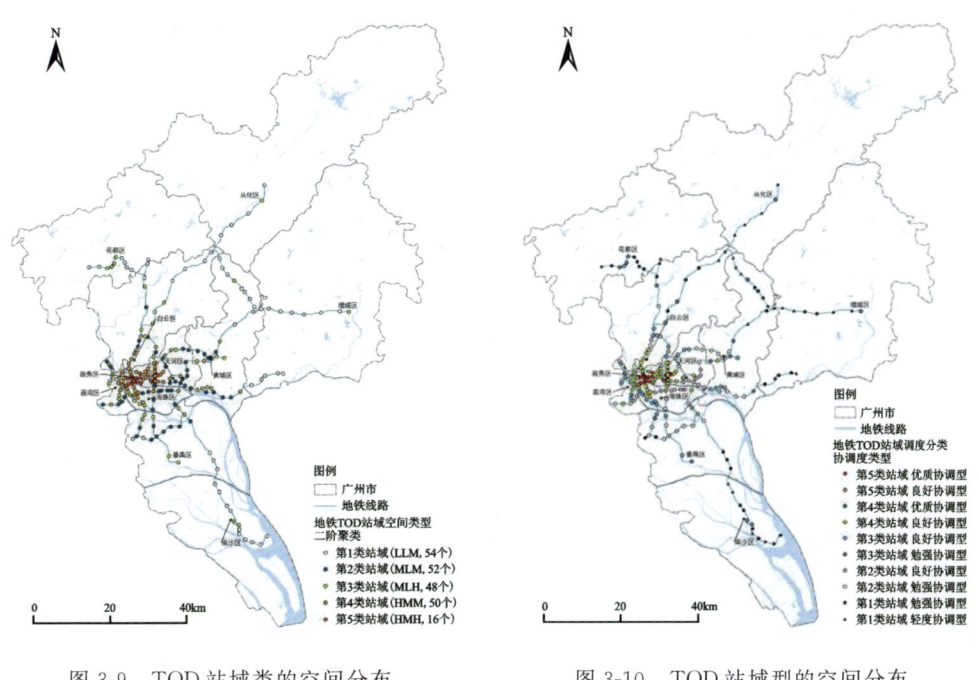

图 3-9　TOD 站域类的空间分布　　　　图 3-10　TOD 站域型的空间分布

综上,TOD 站域型是对站域类的二次再分类,其空间分异也是在 TOD 站域类基本格局上的二次空间细分。TOD 站域型的空间分布在中心城区与站域类的圈层结构一致,即从中心的优质协调向外围逐级降低;在近郊和远郊区,站域协调度的次序打破了圈层结构而出现倒圈层的现象。由此可以看出地铁 TOD 开发对城市空间结构的改变是发生在局部地域的。

3.6　结论和讨论

3.6.1　主要结论

(1)将 TOD 的内涵和 5D 规划原则转化为 3 个维度 20 个指标,其中节点维度反映地铁站域与城市的相对位置关系,以区位指标来表达;场所维度反映地铁 TOD 站域的开发强度和多样性,以密度指标和空间多样性指标表达;联系维度反映地铁 TOD 站域的空间结构紧密性,以交通换乘指标和目的地可达性指标表达。

(2)提出了地铁 TOD 站域空间发展的定量分析框架。基于多源数据,对广州市 220 个地铁 TOD 站域的 20 个指标进行了定量计算;引入耦合度模型,整合"节点—场所—联系"三维模型,对广州市 220 个地铁 TOD 站域的空间发展进行类与型的划分。

(3)广州市地铁 TOD 站域可分为 5 类 10 型。以 TOD 理论模式为判断标准,第 5 类站域最接近 TOD 理论模式,第 1 类站域相距最远。从空间分布看,从第 5 类到第 1 类站域遵循从城市中心向外围的圈层分布格局,协调型站域在城市中心区普遍分布,而在外围区出现了勉强协调与良好协调交错分布的格局,说明从类别上看 TOD 没有打破城市的核心—外围结构,但是从分型上看,在城市外围已经出现了潜在的重塑城市多核心结构的重要站域。

3.6.2 不足与展望

尽管本章提出了城市地铁 TOD 站域空间发展的定量分析框架,但在指标和模型运用上仍存在部分局限性:

(1)在指标选取方面还有欠缺,如没有考虑人员流动的活动强度对地铁站域的效能影响,未来可加入地铁客流对 TOD 效能的影响。

(2)在模型运用中,只能识别不同地铁 TOD 站域的耦合协调性和存在的问题,但是对 TOD 站域空间发展的标准指引不足,还需要深入探讨。

第 4 章　TOD 站域空间的景观格局变化

4.1　交通发展与城市景观格局变化

景观(landscape)指的是在相对稳定的地理因素主导下的地理空间范围内,不同类型生态系统所组成的、具有重复性呈现的异质性地理单元。异质性地理单元也称为景观单元,在二维的地图上被绘制成不同的分类图斑。在同一个景观的不同局部,图斑类型及组合方式具有重复性,但在数量、大小、形状等方面相互具有差异,从而形成景观格局。所以说,景观格局是指景观的空间结构特征,它包括景观组成单元的类型、数目以及空间分布与配置(李娟娟,2007)。

城市是人类改造自然最为剧烈的地方,形成了以建设、管理、生产、流通、消费等人类活动为主导因素的城市景观,各种土地覆盖/利用类型展现出人类对城市这个地理空间的划分与利用安排,形成了巨大而复杂的人造自然环境;在此基础上,各种物质、能量以及人本身的流动形成了多层次的生态系统。城市的不同局部有着不同组合的土地覆盖/利用类型,从而形成了局部的空间结构特征,呈现出城市景观的平面格局,即城市空间分布格局,它指不同形状和大小的城市景观斑块在空间上的排列形式(张楚宜等,2019)。

对比于土地覆盖/利用类型这种平面的扩展,人类对城市的开发,还因高度的集聚而向高空延展,城市在几何上不仅是二维的,还是三维的。这使得对城市景观格局的研究还需加入立体的视角,即三维的景观格局。特别是进行商业、工业、住宅等房屋建设的土地,其三维景观格局更加凸显,从中央商务区(central business district,CBD)的高楼大厦,到郊区的低密度住宅,形成中间高、外围低的典型天际线,城市的不同局部,三维结构有相当大的不同。

城市景观格局并非一成不变,而是受到城市发展阶段演进、开发政策变化、生产和运输技术进步、交通区位迁移、市民生活和消费习惯变迁等因素的影响,甚至是城市在整个大地区的功能地位转变也可能带来景观格局的变化。随着新城市主义逐渐得到认同,TOD 成为一种逐步普及开来的城市开发模式,有利于解决城市过度集聚或过度平铺的弊端。这使得公共交通,特别是大容量轨道公共交通的发展,成了影响城市景观格局变化的重要因素。

4.2　景观格局分析

景观格局分析的常用方法有两类,即景观格局空间统计分析和景观格局指数分析(傅博杰等,2011)。景观空间统计分析运用统计学、小波分析、趋势面分析和自相关分析、空间自相关分析等方法,系统地对景观单元的空间分布进行测度,并分析景观格局受空间自相关的影响程度。景观格局指数分析则是对景观的结构组成和空间分布特征进行量化(刘颂等,2010)。按照描述内容,景观格局指数可分为两类,即景观结构特征指数和景观异质性指数;按照研究对象描述尺度,可分为3种类型,即斑块水平、斑块类型水平和景观水平。

对平面的城市景观格局开展研究,目前常用的方式是利用土地覆盖/利用类型来代表景观单元。因此主要的技术手段是收集景观所在区域不同时期的土地利用图,结合多时相遥感影像以及城市统计资料等形成土地覆盖/利用类型分类图斑,制作成景观地图,并从斑块水平、斑块类型水平以及景观水平计算若干景观格局指数,从而对景观单元的空间分布特征以及随时间的变化做出理解。

学者们的研究也逐渐由二维景观格局转换为三维景观格局分析。高分影像、三维仿真、建筑格局等分析逐渐为三维景观格局研究提供新思路。城市三维景观格局主要是研究城市建筑的三维格局,目前采用较多的方法为地理空间统计法。吴清海等(2022)利用地理空间统计法依据城市建筑高度、城市覆盖率、城市容积率和城市全景轮廓等指数来分析城市三维景观格局的变化;也有其他学者借助三维激光扫描技术,对城市进行三维空间建模,借助三维立体模型来对城市三维景观进行分析,如孙宏战(2021)基于高密度激光点云来分析城市三维景观指数,分析其三维空间分异程度;随着遥感技术的不断成熟,也有学者利用高分辨率遥感影像来对城市三维景观进行分析,如IKONOS、QuickBird、WorldView、GeoEye等遥感数据已经成为研究城市三维景观的一个重要数据来源,利用高分辨率的遥感影像来提取影像中的建筑物轮廓及其高度,利用城市三维重心的偏移指数和城市空间形态的分维指数来定量计算城市三维空间形态的扩张。

4.2.1 二维景观格局指数

以下选用6个景观格局指数计算并分析广州市地铁3号线(包括延长线)站域空间内的景观格局。

1. 斑块数量(NP)

$$NP = n_i \tag{4-1}$$

式中:n_i为景观中斑块类型i所包含的斑块数量(个),其取值范围是$NP \geq 1$。

在本书中计算每个地铁站域空间的各类空间的斑块数量,其值越大说明该类型景观破碎度和异质性越高。

2. 斑块类型面积(CA)

$$CA = \sum_{j=1}^{n} a_{ij} \times \frac{1}{10000} \tag{4-2}$$

式中：a_{ij} 为斑块类型 i 的第 j 个斑块的面积(hm^2)，斑块类型面积相当于把某一斑块类型的所有斑块的面积求和，取值范围 CA>0。

当 CA 逐渐接近于 0 时，说明该斑块类型在该地铁站域空间总面积中所占的面积越来越小。本书中计算每个地铁站域空间的各类空间的斑块面积。

3. 景观形状指数(LSI)

$$\text{LSI} = \frac{0.25 \sum_{k=1}^{m} e_{ik}}{\sqrt{A}} \quad (4-3)$$

式中：e 代表研究范围内所有的长度的总和；A 为斑块面积的总和。

用景观中所有斑块边界的总和去除以斑块面积总和的平方根，再乘以正方形校正系数 0.25，取值范围 LSI≥1，没有上限，斑块中有正方形斑块时 LSI=1，当斑块形状呈现不规则或偏离正方形时 LSI 的值会越大。在本书中计算每个地铁站域空间四类空间的 LSI，判断其形状变化情况。

4. 蔓延度(CONTAG)

$$\text{CONTAG} = \left\{ 1 + \frac{\sum_{i=1}^{m} \sum_{k=1}^{m} \left[p_i \left(\frac{g_{ik}}{\sum_{k=1}^{m} g_{ik}} \right) * \left[\ln p_i \left(\frac{g_{ik}}{\sum_{k=1}^{m} g_{ik}} \right) \right] \right]}{2\ln(m)} \right\} \times 100 \quad (4-4)$$

式中：p_i 指斑块类型 i 在景观中的面积比重；g_{ik} 为基于双倍法的斑块类型 i 和斑块类型 k 之间节点数；m 是景观中的斑块类型数，包括景观边界中的斑块类型。

该指数单位为％，取值范围为 0<CONTAG≤100％。当所有斑块类型最大限度破碎化和间断分布时，指数趋近于 0；当斑块类型最大限度地集聚在一起时，取值可达到 100％。本书中计算四类空间在景观水平上的形状蔓延度。

5. Shannon's 多样性指数(SHDI)

$$\text{SHDI} = -\sum_{i=1}^{M} (p_i \times \ln p_i) \quad (4-5)$$

式中：p_i 表示景观中斑块类型 i 的面积比重。

该指数取值范围 SHDI≥0。当整个景观只有一个斑块时，SHDI=0；随着景观中斑块类型数量的增加以及它们面积比重的均衡化，SHDI 值增大。在本书中计算四类空间的在景观水平上的类型多样性。

6. Shannon's 均匀度指数(SHEI)

$$SHEI = \frac{-\sum_{i=1}^{m}(p_i \times \ln p_i)}{\ln m} \tag{4-6}$$

式中：p_i 表示景观中斑块类型 i 的面积比重。

该指数没有单位，其取值范围为 $0 \leqslant SHEI \leqslant 1$。随着景观中不同斑块类型面积比重越来越不平衡，指数不断向 0 接近；当整个景观只有一个斑块组成时，SHEI＝0。本书中计算四类空间的在景观水平上的类型均匀度。

4.2.2 三维景观格局统计

三维景观的研究尚不成熟，一方面局限于细粒度的三维数据获取困难，以建筑块白模为最常见，这实际上可以理解为类似于数字高程模型(digital elevation model，DEM)的 2.5 维形式，这使得不同高度的景观单元难以绘制；另一方面是三维的景观格局指数以及相应的计算工具比较缺乏。因此，三维景观格局分析比较常用的方法是开展描述性统计分析和空间自相关分析等。

能够收集到的建筑图层，具有每栋建筑单体的基底轮廓以及高度/层数，因此可以衍生出一些具有三维特点的属性数据，包括建筑高度、建筑体积、建筑覆盖率、容积率等。

建筑物的高度是设计的技术经济指数之一，用于城市的规划控制，能够直观地展现城市建筑在垂直空间上的变化特征。建筑物体积也是体现城市三维景观格局的一个重要指数，反映了建筑能够提供的空间规模。高度、体积都可以针对单体建筑计算，如果把每一栋建筑都看作一个景观单元，或者说是斑块的话，可以认为这两个指标是斑块水平的。

我们也可以计算景观水平上的高度类指标和体积类指标。高度方面，计算景观中的最高建筑高度、最低建筑高度、平均建筑高度，以及建筑高度的变异系数；同理，体积方面，计算景观中的最大建筑体积、最小建筑体积、平均建筑体积，以及建筑体积的变异系数。

建筑覆盖率描述城市建筑物在水平方向上的密集程度，是建筑基底面积与地块总面积的比值。该指数本质是二维的，用于反映建筑用地的规模或比例，又称为建筑密度。容积率是区域建筑总面积与地块的占地面积的比值，该指标直接涉及景观的舒适度。

4.3 广州地铁 3 号线站域空间的景观格局变化

广州地铁 3 号线是广州地铁第三条建成运营的线路，于 2005 年 12 月 26 日开通运营首通段(广州东站至客村站)，2006 年 12 月 30 日开通运营一期工程(广州东站至番禺广场站、天河客运站至石牌桥站)，2010 年 10 月 30 日开通运行北延段(广州东站至机场南站)，东延段(番禺广场站-海傍站)正在建设中，预计于 2024 年建成通车。广州地铁 3 号线北达白云机场，南达番禺广场，贯穿了整个中心城区，沿线经过大型交通枢纽、城市郊区、新区、CBD、旅游景区，也包括建设中的东延线潜在带动开发的地区，对研究地铁建设与城市发展的关系具有典型意义。

本节研究对象为广州市地铁 3 号线的地铁站域，以每个地铁站点 800m 缓冲区为站域空间。时间范围为 2017—2022 年期间，地铁站点包括这段时间内建成的、在这段时间开建的、这段时间内规划的，共计 34 个站点。每个站点的站域空间被视为一个景观。

通过 Landsat 8 数据、Sentinel-1 结合 DEM 数据，提取每一个景观中的 2017 年和 2022 年的水体、不透水面、植被以及裸地 4 种土地覆盖/利用类型，分别计算相应的 NP、CA、LSI、CONGTAG、SHDI、SHEI 指数，进行两个年度的对比分析。

通过 2017 年、2022 年的建筑图层测算景观内每一栋建筑的基底面积、高度、体积，进而汇总统计出景观内的最高建筑高度、最低建筑高度、平均建筑高度、最大建筑体积、平均建筑体积、建筑覆盖率、建筑容积率等数据，进行两个年度的对比分析。

对不同站域空间之间的景观格局指数、三维景观指数及其变化进行横向对比，对其变化量开展聚类，结合站点所在的地理区位因素，分析不同类型的站域空间的景观格局变化原因。

4.3.1　土地覆盖/利用类型变化

针对水体、不透水面、植被、裸地 4 类土地覆盖/利用类型，将所有站域空间内的图斑分类进行汇总，得到 2017 年和 2022 年的土地覆盖/利用类型变化（表 4-1）。从表 4-1 可以看出，2017—2022 年各类土地利用类型总体上是水体空间和植被空间向不透水面和裸地变换，显示出预留建设、建设中或已建设的空间增多，具体而言，水体面积减少 18.16hm^2，不透水面增加 226.42hm^2，植被面积减少 184.20hm^2，裸地增加 19.54hm^2。

表 4-1　2017—2022 年土地覆盖/利用类型总体变化　　　　单位：hm^2

年份	水体	不透水面	植被	裸地
2017 年	418.88	7967.66	650.46	70.43
2022 年	400.72	8194.08	466.26	89.97
变化量	−18.16	226.42	−184.20	19.54

具体到各个站点的变化如表 4-2 所示。在广州地铁 3 号线地铁站域空间中不透水面增加较多的站点有金光大道、海傍、番禺客运站、机场北、广州新城西、高增和珠江新城。其中金光大道不透水面增加 63.02hm^2、海傍不透水面增加 41.98hm^2、番禺客运站不透水面增加 40.92hm^2、机场北不透水面增加 39.02hm^2、广州新城西不透水面增加 22.50hm^2、高增不透水面增加 19.21hm^2 以及珠江新城不透水面增加 14.01hm^2。

不透水面增多的站点中金光大道、海傍、番禺客运站和广州新城西都位于番禺区，都是 3 号线东延线上面的站点，在 2017—2022 年间都位于 3 号线东延线的建设阶段，在建设时期站点站域空间有大量的植被空间转换为不透水面空间。

除了植被空间和裸地空间转换为不透水面空间，也有不透水面空间减少转换为植被空间和水体空间，如汉溪长隆、机场南、林和西、大塘和体育西路等。汉溪长隆站有 13.23hm^2 不透水面转换为植被空间，机场南有 2.92hm^2 不透水面空间转换为植被空间，林和西有 1.87hm^2 不透水面空间转换为植被空间，大塘有 1.83hm^2 不透水面空间转换为水体空间，体育西路有 1.18hm^2 不透水面空间转换为植被空间。

植被空间增加的地铁站域,都是在 2017 年前开通的地铁站,在地铁站建成后对地表植被和其他空间形态进行一定的调整。

番禺广场、岗顶等地铁站域空间类型没有变化,原先的地表形态以不透水面空间为主,在地表进行改造修建时也主要以不透水面为主。

表 4-2　2017—2022 年各地铁站域土地覆盖/利用类型变化　　　　　　　单位:hm²

站点	水体		不透水面		植被		裸地	
	2017 年	2022 年	2017 年	2022 年	2017 年	2022 年	2017 年	2022 年
白云大道北	0	0	309.94	311.68	4.35	2.61	0	0
大石	0	0	312.41	313.59	1.88	0.7	0	0
大塘	65.14	66.32	243.02	241.19	6.21	6.86	0	0
番禺广场	0	0	314.27	314.27	0	0	0	0
番禺客运站	18.01	14.92	245.07	285.99	51.3	13.48	0	0
岗顶	0	0	314.29	314.29	0	0	0	0
高增	10.08	1.38	238.61	257.82	59.2	33.99	6.45	21.15
广州东站	0	0	293.4	293.68	20.86	20.58	0	0
广州塔	83.43	80	229.57	233.93	1.12	0.2	0.01	0
广州新城西	19.75	31.99	150.95	173.45	143.64	102.92	0	5.99
海傍	36.12	27.56	184.8	226.78	93.47	60.05	0	0
汉溪长隆	2.89	0.52	280.11	266.88	31.13	46	0	0.8
华师	0	0	314.33	314.38	0.05	0	0	0
机场北	0	0	247.08	286.1	3.57	5.06	63.63	23.12
机场南	0	0	311.44	308.52	2.51	3.86	0.34	1.91
嘉禾望岗	0	0.09	283.97	283.59	30.23	30.52	0	0
金光大道	22.18	16.04	191.55	254.57	100.57	43.69	0	0
京溪南方医院	0.12	0.1	301.73	305.32	12.42	8.85	0	0
客村	0	0	313.19	314.29	1.1	0	0	0
沥滘	99.47	100.46	214.1	213.76	0.65	0	0	0
林和西	0	0	312.96	311.09	1.38	3.25	0	0
龙归	0.06	0	301.46	305.88	12.62	8.26	0	0
梅花园	0.13	0.11	272.2	272.62	42.01	41.61	0	0
人和	15.36	15.82	292.92	296.38	5.96	2.04	0	0
厦滘	37.86	37.6	276.08	276.74	0.4	0	0	0
石牌桥	0	0	314.37	313.38	0	0.99	0	0
市桥	0	0	308	309.09	6.33	5.24	0	0
体育西路	0	0	314.25	313.07	0	1.18	0	0

续表 4-2

站点	水体		不透水面		植被		裸地	
	2017 年	2022 年	2017 年	2022 年	2017 年	2022 年	2017 年	2022 年
天河客运站	1.52	0.94	311.63	312.76	1.19	0.64	0	0
同和	0	0	290.77	293.2	23.69	21.26	0	0
五山	1.85	2.14	298.75	297.87	13.89	14.48	0	0
燕塘	0	0	295.04	294.39	19.19	19.84	0	0
永泰	2.95	2.53	222.44	227.19	88.9	84.57	0	0
珠江新城	14.06	12.95	300.28	314.29	0	0.03	0.01	0.2

4.3.2 二维景观格局变化

由表 4-3 可知,景观斑块的数量总和由 2017 年的 426 个减少到了 2022 年的 350 个,从斑块数量来看,景观格局从分散走向紧凑。从景观形状指数来看,2022 年比 2017 年降低了,总体来说 2022 年的景观斑块比 2017 年的更加规则。从蔓延度来分析,2022 年的蔓延度比 2017 年的蔓延度高,说明在站域空间中的斑块破碎程度有所降低,更加紧凑。2022 年的多样性指数对比 2017 年的来说有所降低,说明其多样性有所减少。2022 年的 SHEI 指数比 2017 年的有所降低,说明站域空间中的优势斑块有所减少,整体景观体现出一种均匀分布状态。总体来说广州地铁 3 号线的斑块多样性减少,斑块数量从分散走向紧凑,景观斑块形状也更加规则。

表 4-3 2017—2022 年景观格局指数及变化

年份	斑块数量 NP/个	景观形状指数 (LSI)	蔓延度 (CONTAG)/%	Shannon's 多样性指数(SIDI)	Shannon's 均匀度指数(SHEI)
2017 年	426	10.254 6	84.294 8	0.245 8	0.282 1
2022 年	350	9.337 7	85.699 2	0.204 1	0.257 5

广州地铁 3 号线沿线站点在 2017—2022 年期间,其地表景观格局也发生了变化,有许多站点的景观斑块数量逐渐减少,由原先破碎的景观格局逐渐发展变化成聚集统一的景观格局;也有部分站点由原先聚集的景观格局逐渐分散,增加了其原有的多样性;仍有部分站点 2017—2022 年间其主要斑块景观不曾发生改变,总体上呈现出稳定状态(表 4-4)。根据广州地铁 3 号线沿线各个站点在 2017—2022 年间的变化趋势,将 34 个站点大致分为离散-聚集、聚集-离散和稳定 3 种类别,再根据 34 个站点的变化趋势,将 34 个站点进行分类(表 4-5)。

表 4-4 2017—2022 年广州市地铁 3 号线各地铁站景观水平的景观格局指数

站点	NP		LSI		CONTAG/%		SIDI		SHEI	
	2017 年	2022 年	2017 年	2022 年	2017 年	2022 年	2017 年	2022 年	2017 年	2022 年
白云大道北	6	3	1.402 8	1.253 5	95.470 9	97.166 7	0.027 4	0.016 5	0.074 8	0.048 7
大石	3	3	1.253 5	1.202 8	96.775 2	98.506 9	0.011 9	0.004 4	0.052 8	0.022 8

续表 4-4

站点	NP		LSI		CONTAG/%		SIDI		SHEI	
	2017年	2022年	2017年	2022年	2017年	2022年	2017年	2022年	2017年	2022年
大塘	25	22	2.352 1	2.318 3	80.526 7	80.122 6	0.359 3	0.366 7	0.346 7	0.356 2
岗顶	1	1	1.126 8	1.126 8	0	0	0	0	0	0
高增	85	50	4.7	3.704 2	69.285 9	76.044 8	0.408	0.317 6	0.501 2	0.395 9
广州东站	7	5	1.636 6	1.546 5	86.540 2	87.265	0.124 6	0.122 7	0.239 3	0.229 5
广州塔	9	9	2.490 1	2.405 6	75.436 1	70.558 1	0.395 4	0.380 6	0.434 1	0.521 2
广州新城西	39	31	3.933 8	3.360 6	70.310 2	66.906 1	0.559 8	0.583 3	0.505 3	0.584 9
海傍	45	37	4.225 4	3.773 2	61.918	70.656 7	0.571 4	0.438 1	0.649 1	0.494 2
华师	2	1	1.140 8	1.126 8	99.82	0	0.000 3	0	0.002 2	0
汉溪长隆	36	18	2.640 8	2.098 6	85.159 7	85.404 4	0.199 1	0.258	0.246 9	0.257 7
金光大道	44	31	4.398 6	3.153 5	62.287	75.529 4	0.522 9	0.328 1	0.626 8	0.416 5
嘉禾望岗	6	12	1.974 6	1.895 8	83.215 8	87.713 6	0.174	0.177 2	0.290 7	0.216 5
京溪南方医院	5	4	1.539 4	1.442 3	92.498 7	93.112 8	0.076 9	0.055 4	0.130 7	0.119 4
客村	2	1	1.181 7	1.126 8	98.039 6	0	0.007	0	0.033 6	0
龙归	11	4	1.664 8	1.402 8	91.936 6	89.959 1	0.078	0.051 2	0.137 1	0.175 5
林和西	3	7	1.228 2	1.383 1	97.490 9	94.756	0.008 7	0.020 5	0.040 7	0.083
沥滘	6	4	1.832 4	1.867 6	75.258 2	51.332 4	0.435 5	0.435	0.461	0.904 1
梅花园	8	8	1.698 6	1.684 5	80.252 2	84.238 7	0.232 3	0.230 6	0.361 2	0.288 7
番禺广场	1	1	1.126 8	1.126 8	0	0	0	0	0	0
番禺客运站	40	27	3.183 1	2.408 5	74.704 3	83.043 6	0.374 1	0.169 2	0.435 2	0.283 8
人和	15	11	1.881 7	1.687 3	89.376 9	91.473 6	0.128 4	0.107 9	0.183 3	0.148 9
石牌桥	1	4	1.126 8	1.208 5	0	98.077 5	0	0.006 3	0	0.030 7
市桥	3	4	1.350 7	1.333 8	91.843 4	95.499 8	0.039 5	0.032 8	0.142 2	0.077 7
同和	4	9	1.436 6	1.491 5	86.846 4	87.179 8	0.139 3	0.126 4	0.243 7	0.234 2
天河客运站	3	3	1.301 4	1.256 3	96.947 8	98.013 8	0.017 1	0.01	0.050 5	0.031 9
体育西路	1	3	1.126 8	1.212 7	0	97.806	0	0.007 5	0	0.035 7
五山	9	10	1.621 1	1.7	88.719 1	90.280 1	0.095 6	0.100 9	0.197 3	0.168 4
厦滘	5	3	1.553 5	1.511 3	85.302 3	71.691	0.214 1	0.210 6	0.272 9	0.528 3
永泰	9	9	2.354 9	2.394 4	67.197 9	67.987 1	0.419	0.405	0.587 7	0.570 4
燕塘	4	3	1.501 4	1.484 5	88.399 5	88.192 7	0.114 7	0.118 3	0.209 9	0.214 8
珠江新城	7	9	1.611 3	1.608 5	90.335 6	92.512 6	0.085 5	0.080 4	0.166	0.128 4
机场北	20	33	3.021 1	2.994 4	69.597 5	79.915 7	0.340 8	0.165 6	0.512 8	0.313 1
机场南	10	17	1.318 3	1.574 6	96.933	94.064 2	0.018	0.036 2	0.050 1	0.094

第 4 章　TOD 站域空间的景观格局变化

表 4-5　广州地铁 3 号线景观水平变化分类

类型	站点
离散-聚集	白云大道北、高增、海傍、广州新城西、华师、汉溪长隆、金光大道、京溪南方医院、客村、龙归、沥滘、番禺客运站、人和、厦滘
聚集-离散	机场北、嘉禾望岗、林和西、石牌桥、同和、体育西路、珠江新城、机场南
稳定	大塘、岗顶、番禺广场、永泰、大石、广州塔、广州东站、梅花园、市桥、天河客运站、五山、燕塘

离散-聚集型的站点有 14 个,分别是白云大道北、高增、海傍、广州新城西、华师、汉溪长隆、金光大道、京溪南方医院、客村、龙归、沥滘、番禺客运站、人和、厦滘。金光大道、海傍、番禺客运站、高增、龙归、客村和广州新城西的站点都是由水体空间和植被空间转换为不透水面空间的,不透水面空间聚集。汉溪长隆的地表斑块由不透水面空间转换为植被空间,植被空间聚集。沥滘地表斑块主要是不透水面空间向水体空间转换,水体空间聚集。

聚集-离散型的站点有机场北、机场南、嘉禾望岗、林和西、石牌桥、同和、体育西路、珠江新城。机场北、机场南、嘉禾望岗、体育西路、林和西站的地表景观丰富程度有所提升,多样性有所增加,由不透水面空间向其他用地空间相互转换。珠江新城站地表景观主要由水体空间向不透水面空间转换,使得景观格局破碎感增加,并使其景观斑块由聚集向离散发展。

大致保持景观斑块稳定的地铁站域有大塘、岗顶、番禺广场、永泰、大石、广州塔、广州东站、梅花园、市桥、天河客运站、五山和燕塘。这些站点原有斑块的类型比较单一,在 2017—2022 年间的土地覆盖利用变化程度不大,因此这些站点的景观格局指数变化程度也不大,趋于相对稳定的状态。

4.3.3　三维景观格局变化

1. 建筑高度分析

广州地铁 3 号线贯穿了花都区、白云区、天河区、海珠区和番禺区,根据地铁 3 号线的高度趋势分析,广州地铁 3 号线在天河区的地铁站域空间的平均建筑高度较高,如珠江新城、广州塔、林和西、体育西路等(图 4-1),这些站点都主要是集中在天河区附近,其他平均高度较低的站点主要分布在花都区、白云区和番禺区等区域。

2017—2022 年广州地铁 3 号线整条地铁平均建筑高度增加了 9.73m,其中人和站平均建筑高度增加得最多,增了 3.21m。大塘站增高第二,增了 3.04m。林和西增高第三,增高了 1.44m。机场北、机场南、天河客运站和金光大道站这几个站点没有发生变化,其他的站点变化程度不强烈。

2017 年位于天河区、海珠区的地铁站域已经完成了第一批的规划建设,而番禺区部分站点和白云区的部分站点位于广州地铁 3 号线与其他新建地铁路线的交会处,或者是位于广州地铁 3 号线北延线和东延线的建设路线中,因此广州地铁 3 号线地铁站域空间在海珠区和天

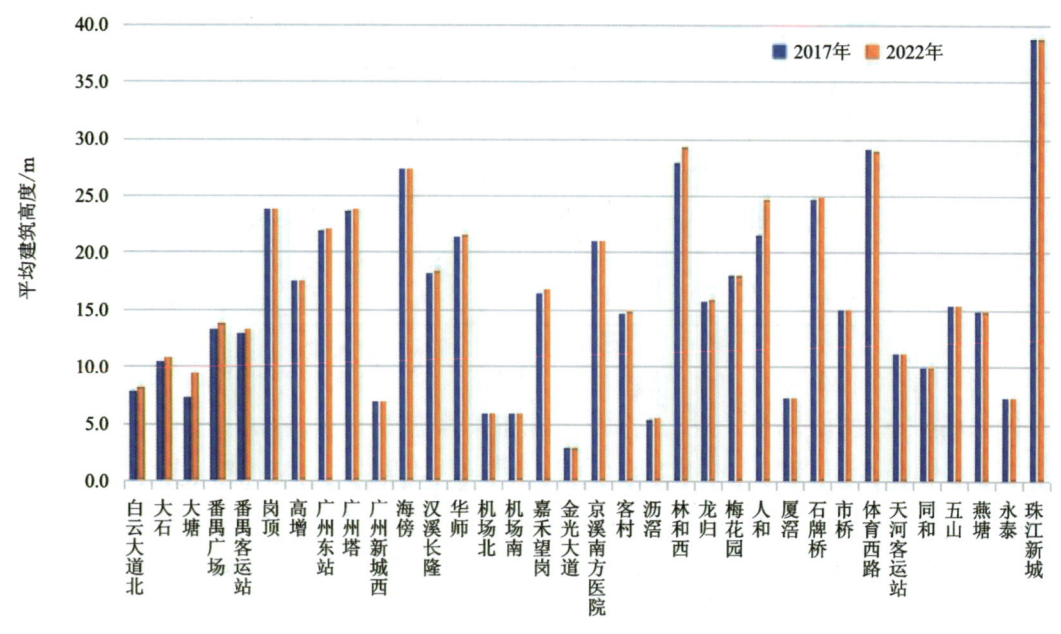

图 4-1　2017—2022 年站域内平均建筑高度

河区等站点呈现紧凑集中分布的状态。

2022 年番禺区和花都区的地铁点建设完成,所以番禺区的建筑高度有所增加,但是地铁站域较高的区域依旧是天河区的站点。广州地铁 3 号线依旧呈现出天河区和海珠区的地铁站域建筑高且密集,而其他区内的地铁站域建筑高度较为平缓的现象(图 4-2)。

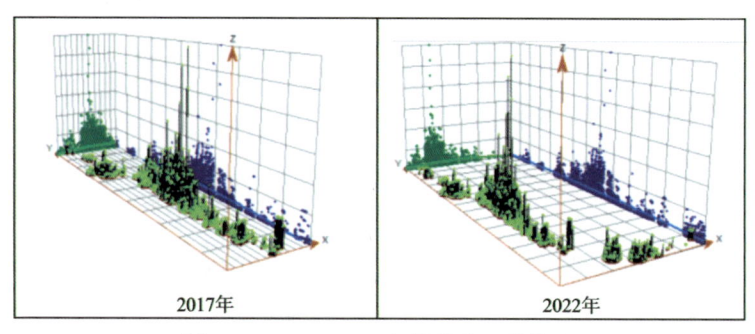

图 4-2　2017—2022 年沿线高程趋势图

站域内最低高程都是 3m,最高高程从 6～600m 不等。其中建筑高度最低的区域是金光大道,为 6m,最高的区域是广州塔,约 600m。从相对高程可以看出不同地铁站之间的差异较大,同一地铁站内部的差异也很大。将相对高程进行对比分析得出广州塔、珠江新城、广州东站等区域相对高程比较大,这几个建筑相对高程较大的地铁站域都分布在天河区;相对高程较小的地铁站域为机场南、机场北、高增、金光大道等,主要分布在白云区和花都区(图 4-3)。

高程变异系数差异较大的站点是珠江新城、广州塔、体育西路、林和西、石牌桥、广州东站,结合相对高程分析比较发现,相对高程差异较大的站点,变异系数也较大,且都集中在天河区(图 4-4)。

第4章 TOD站域空间的景观格局变化

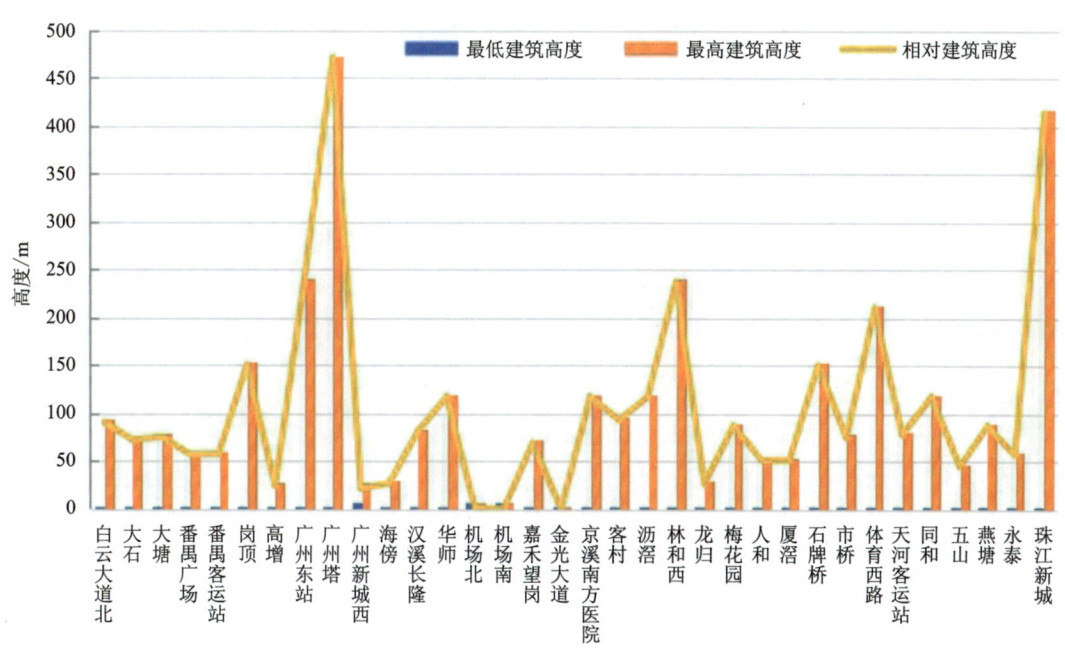

图 4-3 不同站域空间的最低、最高建筑高度及相对高程比较

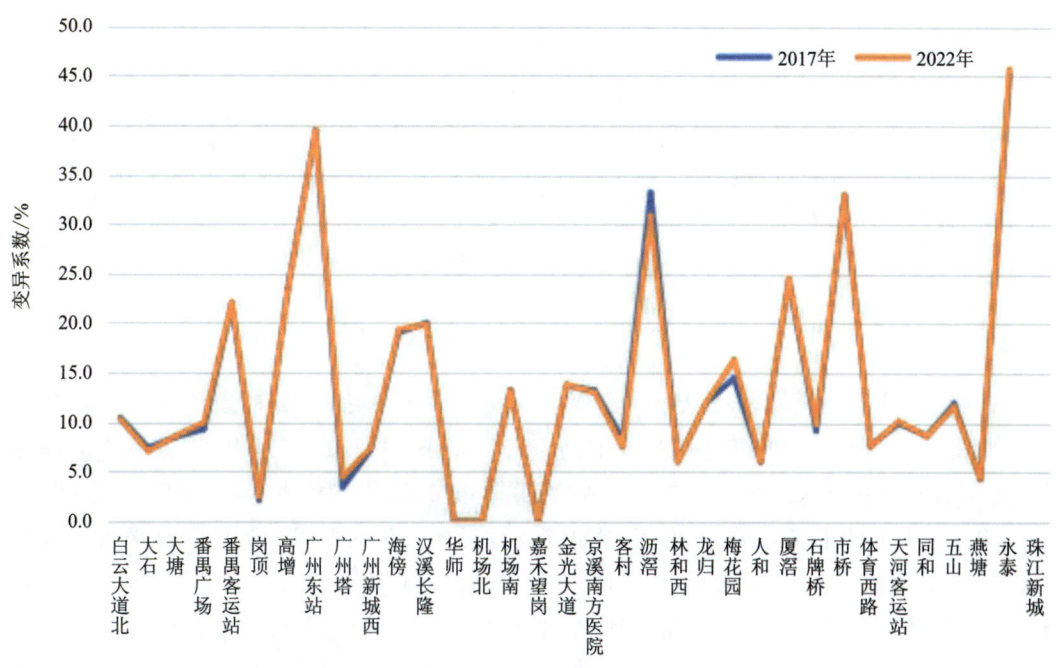

图 4-4 2017—2022年站域内建筑高度变异系数的差异

总的来说,平均建筑高度较高的站域分布在天河区、海珠区内,平均建筑高度较低的站域分布在白云区、花都区内。从整条广州地铁3号线沿线站点分析,天河区和海珠区的平均建筑高度分布趋势主要呈现集中分布的特点,分布紧凑集中。对广州地铁3号线各站点的相对

高程以及广州地铁3号线高程分异系数分析得出,天河区内的最高建筑与最低建筑之间的差异较大,建筑高度分异系数在天河区内的站点也较大。其他的站点由于平均建筑高度、最高建筑与最低建筑之间的差异较为平均,建筑高程差异较小。

2. 建筑体积分析

平均建筑体积在机场北和机场南两个站点最大,在金光大道、白云大道北、高增、永泰等站点较小。机场北和机场南的特殊地理位置以及它们提供的服务功能,所以平均建筑体积较大。而其他站点由于没有大规模占地的建筑群体,所以平均建筑体积较小(图4-5)。

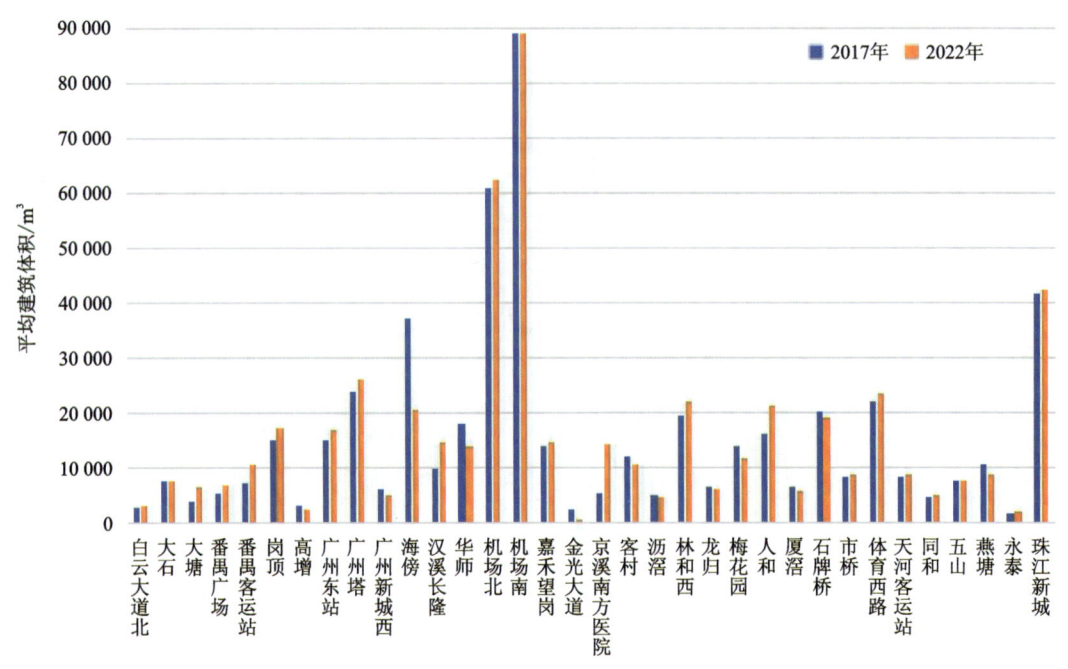

图4-5　2017—2022年站域内平均建筑体积

单体建筑体积差异较大,其差异不仅体现在站域和站域之间,同时也体现在站域内部空间。如图4-6所示,单体建筑体积最大的站点有广州塔、珠江新城、沥滘、体育西路、林和西,主要分布在海珠区和天河区内。通过比较最大单体建筑体积与平均建筑体积,可以看出广州塔、珠江新城、沥滘、体育西路、林和西,这几个地铁站域内最大单体建筑体积与平均单体建筑体积之间的差异比较大。金光大道、高增、龙归等地铁站域内的最大单体建筑体积较小,通过比较最大单体建筑体积和平均建筑体积,发现其站域空间内部建筑体积差异较小。

建筑体积的变异系数是根据建筑体积的标准差与平均值的比值计算得出,从变异系数可以看出站域内单体建筑体积和平均建筑体积的差异,变异系数越大的站域,其建筑的多样性和复杂度也越大,变异系数越接近一的站域,其建筑群体越同一。根据图4-7可以看出,变异系数大的站点有沥滘、白云大道北、永泰等;变化程度大的有大塘、广州新城西、沥滘、石牌桥、体育西路等;大致趋于稳定的有高增、龙归等。

第4章 TOD站域空间的景观格局变化

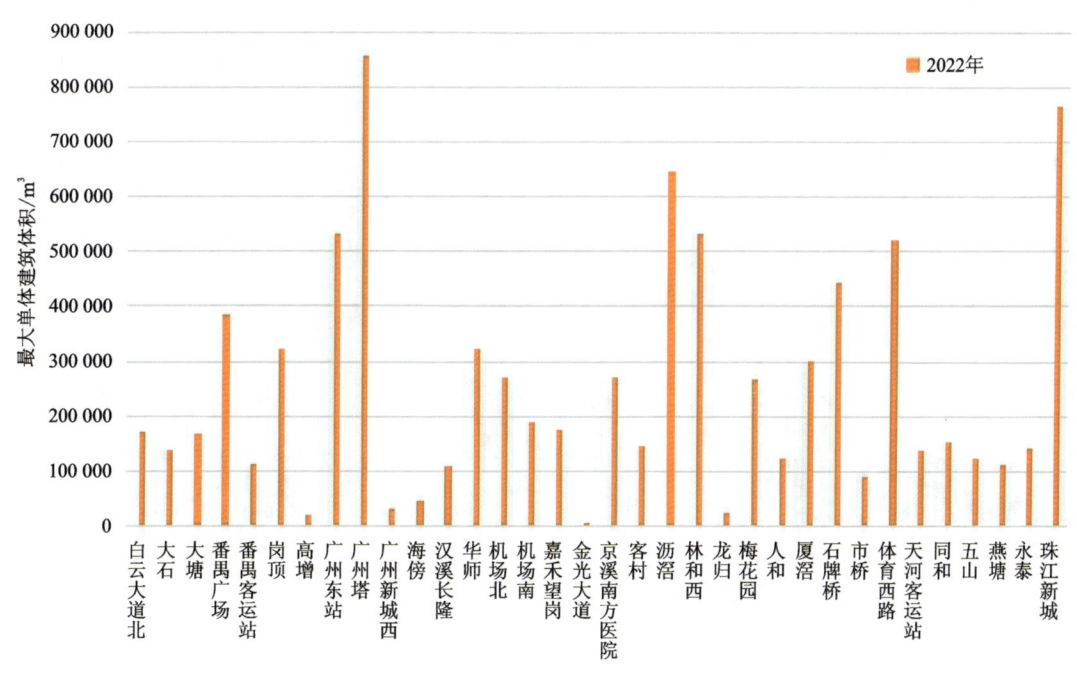

图 4-6 2000 年站域内最大单体建筑体积

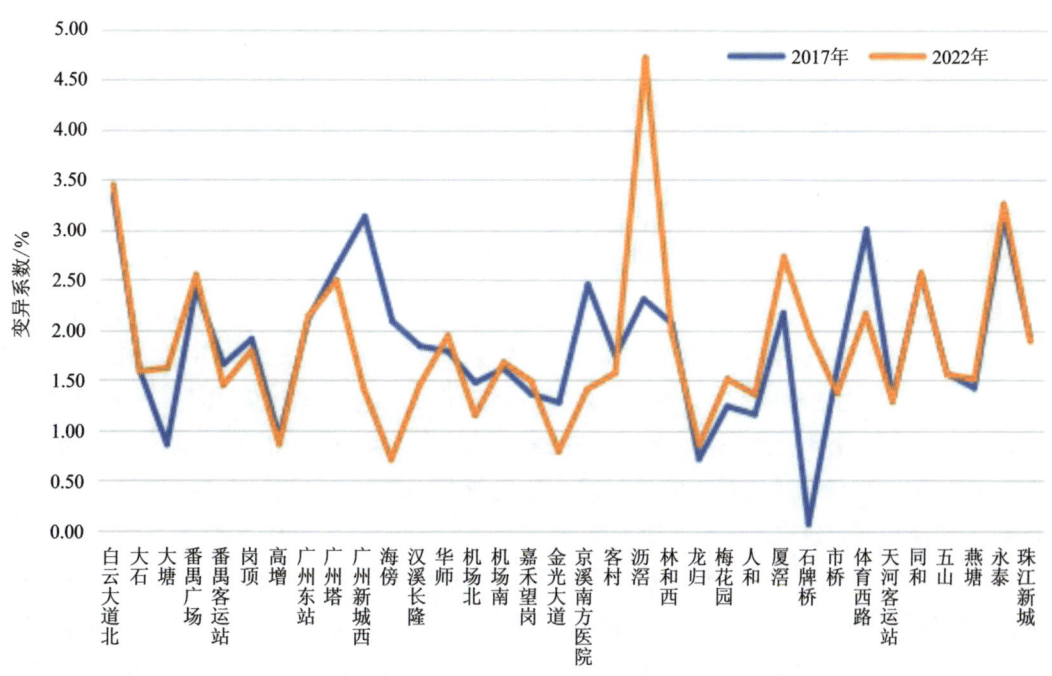

图 4-7 2017—2022 年站域内建筑体积变异系数

3. 建筑覆盖率和容积率分析

图 4-8 展示广州地铁 3 号线沿线的建筑覆盖面积，即所有建筑基底轮廓多边形面积的总

和。通过建筑覆盖面积以及建筑高度可以计算站域内的建筑覆盖率以及建筑容积率。天河区、海珠区内的地铁站点建筑覆盖面积大于白云区、花都区和番禺区内的地铁站点建成区总体面积。从广州地铁3号线沿线建成区变化趋势来看，2017—2022年间的建筑覆盖面积变化趋势总体来看不是特别明显，但是个别站点的变化依旧较大。建筑覆盖面积变化较大的站点有番禺广场、番禺客运站、岗顶、石牌桥、机场南、林和西站，其他地铁站点的建筑覆盖面积变化趋势不明显。

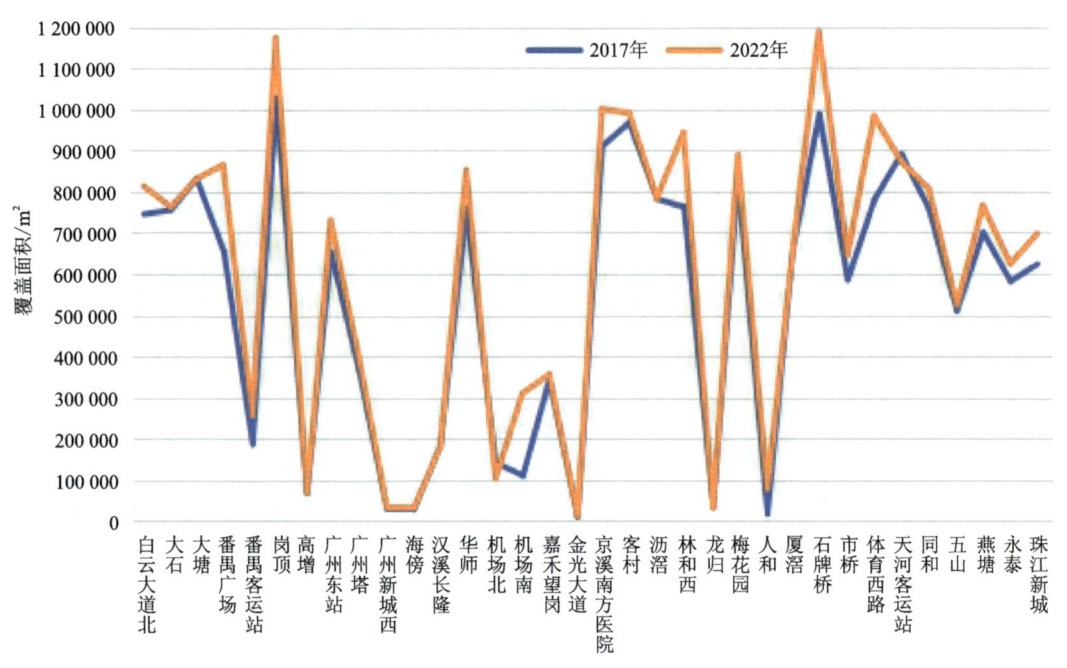

图4-8　2017—2022年站域内建筑覆盖面积

站域空间建筑覆盖率总体增加了57.35%，如表4-6所示。番禺广场建筑覆盖率增加6.74%；体育西路建筑覆盖率增加6.47%；石牌桥建筑覆盖率增加6.36%；机场南建筑覆盖率增加6.36%；林和西建筑覆盖率增加5.79%；岗顶建筑覆盖率增加4.66%；华师建筑覆盖率增加2.99%；京溪南方医院建筑覆盖率增加2.88%；广州东站建筑覆盖率增加2.47%；珠江新城建筑覆盖率增加2.36%；白云大道北建筑覆盖率增加2.14%，燕塘建筑覆盖率增加2.08%。其余站点的建筑覆盖率变化不明显。

站域空间容积率整体减少了11.02%。其中除番禺广场建筑容积率增加1.45%、番禺客运站建筑容积率增加0.74%、广州新城西建筑容积率增加0.36%、高增建筑容积率增加0.25%、市桥和海傍建筑容积率增加0.24%、龙归建筑容积率增加0.01%外，其余站点建筑容积率都在减少；其中体育西路、林和西、珠江新城、岗顶等地铁站域空间容积率减少最多，分别是体育西路建筑容积率减少2.29%，林和西建筑容积率减少1.97%，珠江新城建筑容积率减少1.74%，石牌桥建筑容积率减少1.49%，岗顶建筑容积率减少1.15%。

第 4 章 TOD 站域空间的景观格局变化

表 4-6 2017—2022 年站域内建筑覆盖率和容积率

站点	建筑覆盖率/%		建筑容积率		站点	建筑覆盖率/%		建筑容积率	
	2017 年	2022 年	2017 年	2022 年		2017 年	2022 年	2017 年	2022 年
白云大道北	23.74	25.88	4.02	3.69	客村	30.80	31.53	5.41	5.28
大石	24.04	24.29	3.55	3.50	沥滘	24.87	24.92	2.26	2.26
大塘	26.47	26.47	3.27	3.27	林和西	24.26	30.05	10.21	8.24
番禺广场	20.80	27.54	4.00	5.45	龙归	1.04	1.03	5.75	5.76
番禺客运站	5.95	5.95	4.00	4.74	梅花园	26.45	28.27	6.36	5.95
岗顶	32.68	37.34	9.19	8.04	人和	0.57	2.49	9.84	9.17
高增	2.15	2.15	5.50	5.75	厦滘	20.97	21.06	2.52	2.51
广州东站	20.78	23.25	8.68	7.76	石牌桥	31.45	37.81	8.85	7.36
广州塔	11.68	12.72	9.32	8.56	市桥	18.65	18.65	5.00	5.24
广州新城西	0.93	0.93	2.00	2.36	体育西路	24.84	31.31	11.10	8.81
海傍	0.87	0.87	9	9.24	天河客运站	28.34	27.72	3.97	3.92
汉溪长隆	5.82	5.82	6.75	6.75	同和	24.11	25.67	4.77	4.48
机场南	3.49	9.85	2.00	1.68	五山	16.22	16.68	5.45	5.30
嘉禾望岗	10.96	11.32	5.34	5.17	燕塘	22.31	24.39	5.34	4.88
金光大道	0.32	0.32	1.00	0.94	永泰	18.51	19.90	3.11	2.89
京溪南方医院	28.96	31.84	7.50	6.83	珠江新城	19.85	22.21	16.38	14.64

综上所述，通过城市三维景观统计分析，可以了解到平均建筑最高的站域集中在珠江新城、广州塔等区域，且主要集中在天河、海珠两个区，其他平均高度较低的站域主要分布在白云区、花都区、番禺区。天河区和海珠区内地铁站域的建筑分布紧凑集中，主要呈现高且密集的现象，在其他区内地铁站域的建筑分布则表示较为平缓。

2017—2022 年间珠江新城、广州塔、机场北、机场南等站点平均高度变化不明显趋于稳定状态，这几个站点在 2017—2022 年间已经完成了建设，使其在 2017—2022 年之间的建筑高程变化趋于总体稳定。通过相对高程差和高程变异系数比较，以及相对建筑体积和建筑体积变异系数之间的比较，得出珠江新城、广州塔、体育西路等站域内的建筑具有多样性，这几个站点内部的相对高程、高程变异系数都很大，相对建筑体积和建筑体积变异系数也很大，说明站点内部不同的建筑之间高度、体积差异都很大，表示站点内部建筑具有多样性。

通过建筑覆盖面积、建筑覆盖率和建筑容积率得出，2017—2022 年间变化较为剧烈的站点有番禺广场、大塘、番禺客运站、岗顶、华师、广州东站等。根据文献资料，作者了解到在 2017—2022 年期间这几个变化明显的站点都处于建设阶段。例如岗顶和华师处于 10 号地铁线建设时期，大塘和广州东站则处于 11 号地铁线建设时期，番禺广场和番禺客运站则处于

3号东延线建设阶段。地铁线路的建设,使得地铁站域空间形态发生了明显变化。

4.3.4 景观格局变化的影响因素

1. 自然地理因素

自然环境主要指的是地形、地貌、水文以及生态环境等要素对城市建筑景观空间扩展的影响。

由于受到珠江的影响,广州地铁3号线沿线部分站域有大部分空间用地类型为水体,如珠江新城、沥滘、海傍、大塘、广州塔等。由于这些站域在珠江周围,所以水体在站域空间内的区域有很大的比例,且由于珠江是主要的地形地貌,受人为改变的可能比较少,2017—2022年期间水体空间的变化有限。地铁站域空间的建筑走向也主要沿河流沿岸变化发展。

2. 交通因素

交通作为区域内外进行社会经济交流的重要方式,在城市空间扩展模式中占有重要地位。在2017—2022年,广州地铁3号线部分站域依旧处于建设阶段。由于受到地铁路线建设的影响,部分站域的空间形态变化十分明显。以番禺客运站为例,因为它处于3号线沿线的建设阶段,所以地表有大面积的植被空间转换为不透水面空间,导致地表空间形态发生了较大的变化。交通的发展对城市空间形态的变化有着重要的影响,广州地铁3号线的地铁站域在规划、建设、建成的不同时期其空间形态都各有不同。

3. 地理区位因素

城市空间形态受到地理区位因素的影响,中心城区和郊区的城市空间形态变化程度不一样。在2017—2022年期间广州地铁站域空间形态变化最大的是靠近郊区的站点,反观中心城区,如海珠和天河区的变化程度相对来说比较少。由于中心城区的经济水平高,对地铁需求高,地铁建设时间会比郊区建设时间早。

天河区和海珠区的地铁建设在2017年之前便已经完成了,所以在2017—2022年期间天河区和海珠区的地铁站域空间的变化不太明显,没有出现番禺区和白云区大面积增加不透水面增加的情况。天河区和海珠区内的站域地表空间形态的变化属于较小区域的调整。番禺区和白云区在广州靠郊区的区位,地铁建设时间对比中心城区较晚。2017—2022年期间由于正在建设3号线东延线和3号线北延线,地表空间形态的变化较大。

4. 社会经济因素

城市空间形态受到社会经济因素的影响,经济发达的地区,如天河区站点的站域空间形态以高层建筑为主,主要呈现出紧凑高层的空间形态。而在经济欠发达的地区,如番禺区和白云区站点的站域空间以底层建筑为主,建筑空间形态上主要呈现出较为分散的状态。

在经济发达地区受到地价的影响,建筑会减少其占地面积,增加其容积率,所以楼层高度会相应增加,因此经济发达的站点的建筑高度比起经济欠发达地区的建筑高度高。例如珠江新城、体育西路、石牌桥、广州塔等区域的空间形态呈现出紧凑且高层的现象。

5. 政策规划因素

城市规划对城市空间扩展起到导向性和控制性作用,如城市发展战略、行政区划调整以及城市土地政策等都会对地铁站域空间形态产生影响。

国家"十四五"规划中明确指出:要完善城镇化空间布局、全面提升城市品质。在国家政策的号召下,部分站点改变了原来的空间形态,将部分不透水面空间转换为植被空间和水体空间,如汉溪长隆和珠江新城地铁站。

4.4 总 结

本章以广州市地铁3号线沿线地铁站域空间为研究对象,建立了以地铁站周边800m为缓冲区,将广州地铁3号线及其东延线和北延线在内的34个站点进行分析,主要结论有以下几点:

(1)三维景观中建筑平均高度总体变化不明显;珠江新城、体育西路、广州塔站域内部建筑高程变异系数大,建筑体积变异系数大,其站点内部建筑具有多样性。建筑覆盖率变化较大的区域位于正在建设中的站点,如番禺广场、番禺客运站等,其他区域变化较小。

(2)广州地铁3号线沿线的站域变化在垂直方向上是天河区和海珠区中心城区,以中、高层建筑为主,呈现比较紧凑的空间分布。在水平方向上,中心城区的建筑面积变化不大,空间形态相对稳定,郊区的建筑面积变化程度较大,郊区建筑面积在2017—2022年间变化较为剧烈。

(3)广州地铁3号线沿线的地铁站域主要是不透水面空间增加,其他类型空间减少,广州地铁3号线沿线总体呈现出离散-聚集的状态。景观斑块离散-聚集、聚集-离散变化的站域主要分布在白云区和番禺区,景观斑块变化保持稳定的区域主要分布在天河区。

第 5 章　TOD 站域的内部空间结构

根据前文对广州市 220 个地铁 TOD 站域的类型划分,本章选择了位于传统城市中心区的公园前站(类型Ⅲ)、位于新城市中轴线的体育西路站(类型Ⅱ)和广州新一轮地铁线网场站综合体示范点的番禺广场站(类型Ⅰ),分别从空间形态特征和空间功能特征两方面对其站域的内部空间进行解构(表 5-1)。

表 5-1　地铁 TOD 站域的主要特征值

	公园前站域	体育西路站域	番禺广场
TOD 类型	Ⅲ	Ⅱ	Ⅰ
交通中心性指数	0.608 0	0.288 0	0.242 1
区位中心性指数	0.831 6	0.737 2	0.201 9
人口密度指数	0.343 0	0.144 4	0.071 2
经济活动指数	0.893 5	0.952 4	0.093 0
开发强度指数	0.502 3	0.596 4	0.208 0
土地利用多样性指数	0.503 0	0.287 0	0.020 8
空间功能指数	3.681 4	2.978 3	0.837 0

5.1　公园前站域

5.1.1　区位背景

1. 交通区位

公园前站是广州市 1999 年开通的第一个地铁换乘站,由东西走向的地铁 1 号线和南北走向的地铁 2 号线穿行而过。作为广州地铁最早规划建设的"十字形"线网的换乘枢纽,公园前站在地铁线网中是客流较高的站点之一。根据《广州地铁 2022 年年度报告》,公园前站日均客运量在全线网车站中排名第 5,日均客流量达到 18.61 万人次。广州市作为 TOD 理念的先行实践者,早在20世纪80年代便与S.M.S.公司合作完成《广州市地下铁道可行性研究——示例报告》,该报告首次提出了在公园前站进行TOD开发的规划设想。因此公园前站厅共设置有11个出入口,分别与动漫星城、百汇广场、人民公园、广州公社旧址和文盛汇力大厦相连,地下站厅出入口与站域周边的物业空间实现了彼此连通。

2. 城市区位

公园前站位于广州市传统城市中轴线上和城市商业中心组团中,该区域属于广州市旧城中心的核心地带,站域北邻广州市历史最为悠久的公园——人民公园,且站点周边布局有捷登都会、五月花商业广场、北京路步行街、中旅商业城等大型商业设施;同时紧靠广州市人民政府、广州市教育局、广东省人力资源和社会保障厅、越秀区人民政府等政府机关,具有集商业、办公、居住、学校、旅游等多种功能于一体的老城区用地混合分布的特点。经过二十余年的发展,该站域周边的城市公共服务设施配套非常成熟,地铁站的交通功能也与站域周边紧邻的行政、商业、办公等城市功能高度融合。

5.1.2 空间形态特征

1. 公交站点的空间分布

公交站是地铁站的重要集散节点,公交站点数量和空间分布密度影响着TOD站域内的通行效率。从图5-1来看,公园前800m站域范围内共计有72个公交站点,公交站点主要沿站域内等级较高的道路两旁分布,如东西走向穿过公园前地铁站的中山五路、南北走向的解放中路以及站域北侧的东风路。密集分布的公交站点围绕在交叉路口的4个方向,为地铁出行的人流提供了较大的换乘便利。

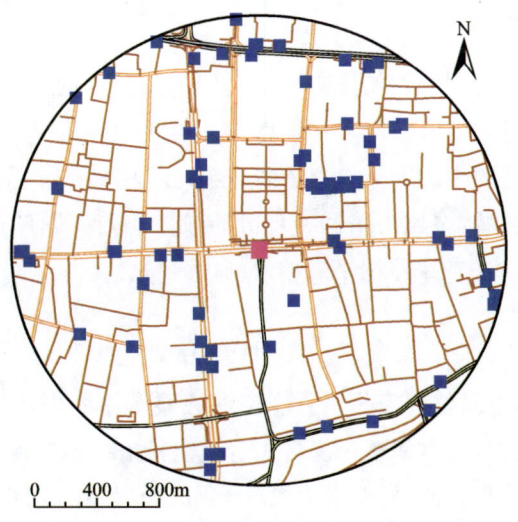

图5-1 公园前站域内公交车站的分布示意

2. 公交站核密度分析

利用 Arc GIS10.3 软件中的核密度工具对站域内的公交站点进行分析计算（图 5-2），结果显示公园前站域内，围绕公交站点形成了多个分散的高值中心，核密度峰值区域出现在站域东北侧片区，该片区内汇集了大量的商业建筑，既有捷登都会、五月花等大型商业广场，又有遍布的临街小型商铺，还有越秀区人民政府、广州市规划院、广州市税务局等多个政府办公机构，密集居住小区也分布其中。商业、办公和居住等活动的集聚产生了大量的交通需求，由此形成了公交站核密度高值区。

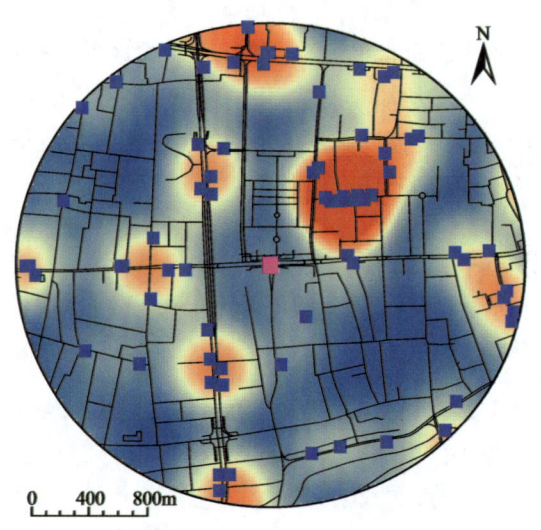

图 5-2 公园前站域内公交车站核密度分析

3. 道路网线密度分析

使用 Arc GIS10.3 软件中的线密度工具对公园前站域内的道路进行分析计算（图 5-3），结果显示公园前站域内整体路网密度水平较高，高等级道路和低等级道路共同将该站域的城市空间切割成了较为规整的小尺度格局。整体来看，公园前站域内的道路沿着中山五路和解放中路形成线密度高值区域，站域内路网密度分布较为均匀，具有"密路网、小街区、窄马路"的结构特征，与 TOD 理念中的小路网格局的规划十分切合。

4. 道路空间整合度

根据空间句法理论，空间整合度是指一个空间在整个系统中的中心性，衡量该空间作为目的地吸引到达交通的能力。空间整合度高表示该空间拓扑连接性较好，在城市中可见度较高，中心性越强，越容易聚集人流，商业潜力更好。用 Depthmap 软件分析公园前站域的道路空间的全局整合度和局部整合度，并将道路空间整合度进行可视化，结果如表 5-2 和图 5-4 所示。

第 5 章　TOD 站域的内部空间结构

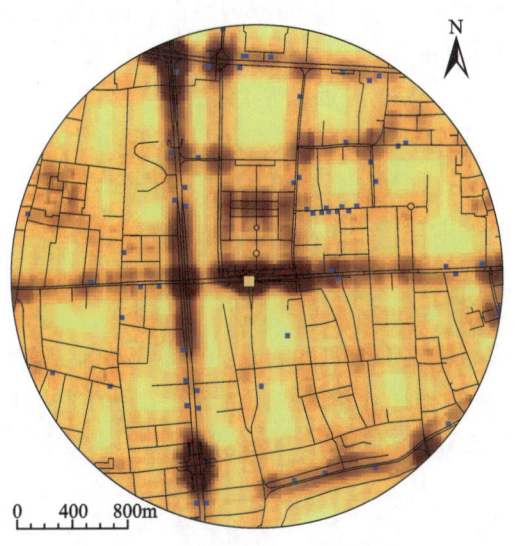

图 5-3　公园前站域内道路网线密度分析

表 5-2　公园前站域的全局整合度和局部整合度测算结果

全局整合度 (Integration [HH])	最大值	0.449 1
	最小值	0.179 8
	平均值	0.327 5
局部整合度 (Integration R3)	最大值	2.372 4
	最小值	0.333 3
	平均值	1.242 3

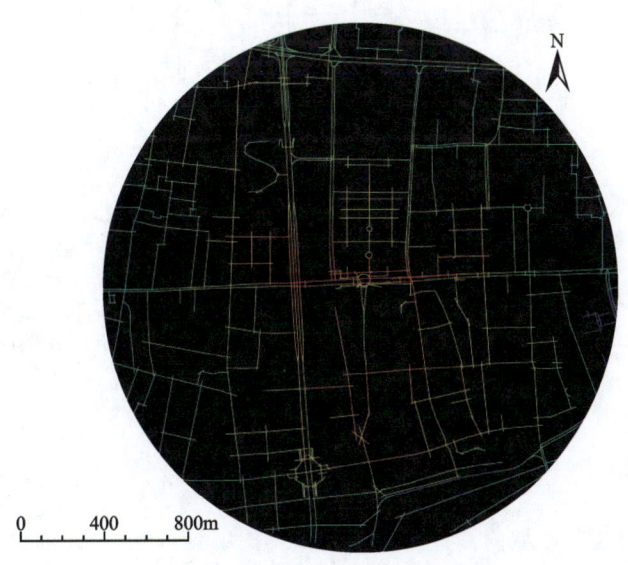

图 5-4　公园前站域的道路空间整合度

从表 5-2 和图 5-4 的结果来看,公园前站域道路空间整合度遵循圈层结构,即道路空间整合度围绕地铁站点形成了高值中心,距离站域中心的地铁站点越远,其道路空间整合度渐次向外递减。围绕地铁站点这一核心附近的道路空间整合度较高,全局整合度(Integration[HH])的范围在 0.1~0.5 区间,数值分布跨度并不大,说明站域内的路网整体的连通性和场所活力都相对均匀。局部整合度(Integration R3)的范围在 0.2~2.3 之间,数值分布跨度较大,说明站域内的街道整合度的整体水平差异较为明显。

5.1.3 空间功能特征

经测算,公园前站域内居住建筑空间占比为 41.68%,商业建筑空间占比为 29.96%,办公建筑空间的占比为 24.30%,没有工业建筑空间的分布。基于站域内包含的 3 种建筑功能空间占比,测算的公园前站域的建筑功能混合度结果为 1.2180,建筑功能空间较为平衡。

1. 居住建筑空间

图 5-5 反映了公园前站域内居住空间的分布。公园前站内一共有 145 个居住小区,以东西走向穿过公园前站的中山五路为界将公园前站域分割成南北两个部分,其中站域南侧的居住小区分布数量较站域北侧的数量要多。因公园前站建设历史悠久,站域内居住小区建成年代早,故站域内的居住小区多以楼层较低的老旧小区和建筑层数较多的高层大厦两种形态的居住建筑为主。

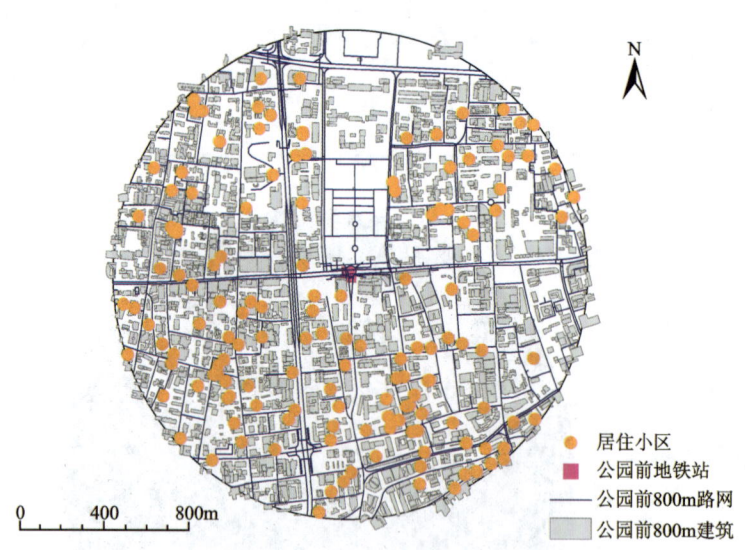

图 5-5 公园前站域内居住空间分布示意图

2. 商业建筑空间

图 5-6 反映了公园前站域内商业的空间分布。据统计可知,公园前站域内共计有 1561 个商铺,其中绝大多数为临街商铺,业态较为低端;少部分商铺分布在商住一体的大厦的底层裙楼中,涵盖的商业多以购物、餐饮、生活服务等与居民日常生活息息相关的业态为主。总体来

看,公园前站域的商铺沿站域内的道路两旁集中连片分布,大多集聚在道路交叉口以及小区住宅周边。

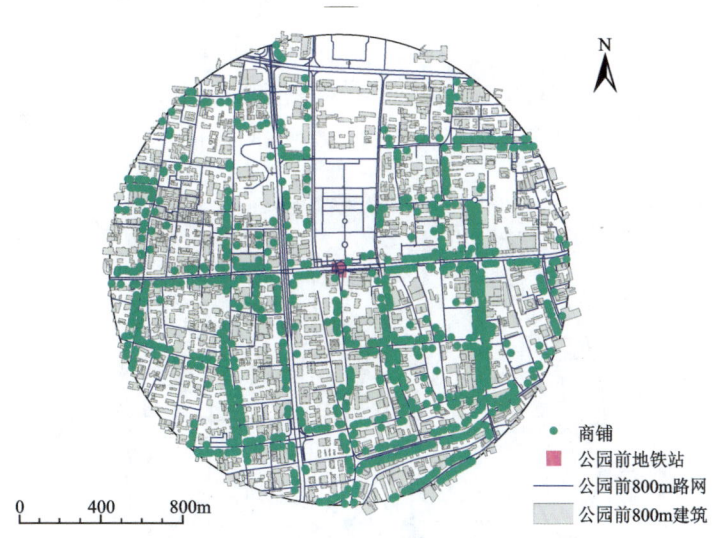

图 5-6 公园前站域内商业空间分布示意图

3. 办公建筑空间

图 5-7 反映了公园前站域内企业的空间分布。据统计可知,共计有 491 个企业在公园前站域内分布,在公园前站上盖、站域东北侧、站域南侧和站域西北侧均形成了集中连片的分布态势。同时,企业的布局位置也与站域内的道路设施密切相关,反映出办公建筑空间更倾向于分布在站域内部交通设施良好、上班通勤便利的地段,这也在一定程度上说明具备优越交通条件的地段更容易形成办公建筑空间的集聚。

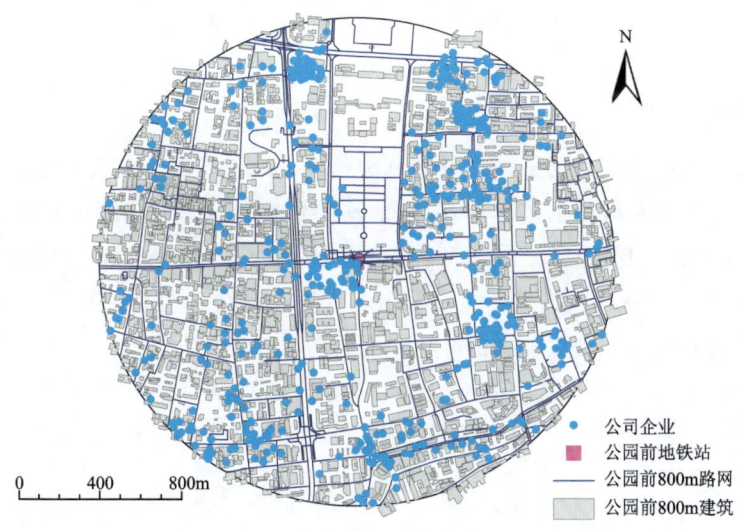

图 5-7 公园前站域内办公空间分布示意图

4. 公共开放空间

图 5-8 反映了公园前站域内公共开放空间分布。适宜的空间设计是 TOD 开发理论的主要特征之一。开放空间是营造站域内的高品质公共空间的重要载体。公园前站域中的公共开放空间主要有公园和绿地两种类型,形成了以人民公园为中心,沿街绿化带为延展的城市绿地,由于地处老城市中心,受区位地租的影响,绿地空间占比较少。

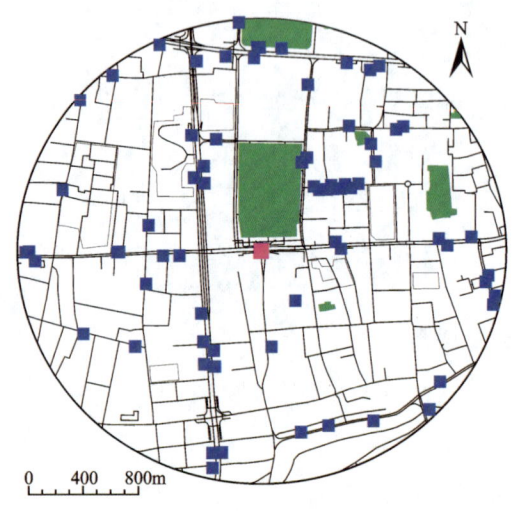

图 5-8 公园前站域的公共开放空间分布示意

5.2 体育西路站域

5.2.1 区位背景

1. 交通区位

体育西路站位于广州市天河区体育西路和天河南一路交界处,是广州地铁 1 号线和广州地铁 3 号线和 3 号线北延段的换乘车站,广州地铁 3 号线的"Y 形交路"分别在天河客运站和机场南站开始,在体育西路站交会后又延伸至番禺广场站。同时该站也是连通 APM 线和 BRT 快速公交的交通枢纽,公交、地铁、APM、BRT 这几种公共交通出行方式在此站域内得到了极大程度的接驳与耦合。据《2022 年度广州地铁客流年报》,体育西路站日均客运量在所有地铁车站中排名第一,日均客流量达到 35.4 万人次,是广州地铁所有站点中客流量最大的车站。

2. 城市区位

区别于地处传统城市中心的公园前站,体育西路站位于广州市新中轴线上,紧靠"华南第一商圈"——天河路商圈。该站汇聚了广州市最重要的公共设施和商业地标建筑，是全国最具规模的高端商贸集聚地之一，仅体育西路站周边800m站域范围内便分布有天环广场、正佳广场、维多利广场等多个商贸综合载体，是广州市最有影响力的商圈之一。除了前文所述的大型高端商业综合体外，体育西路站域内部还分布有由"住改商"的开放式商业街区——六运小区。六运小区由六运会建设的运动员村改建而来，与大型商业综合体的不同，六运小区主要以"上住下商"的商业经营模式为主，商业业态主要以餐饮、零售、休闲等网红经济为主，与周边的正佳广场、天环广场等形成差异互补。体育西路站贯穿串联了天河路沿线一带几乎所有的商场与写字楼，在增加交通可达性的同时也将地上和地下商圈实现了有机融合，超高的日均客流量为该站域周边源源不断地注入各年龄段的消费群体，站域内已发展形成高度集聚的城市新商业业态场所，是集商业和商务于一体的城市CBD核心区。

5.2.2 空间形态特征

1. 公交站点的空间分布

从图 5-9 来看，体育西路周边 800m 站域范围内共计有 43 个公交站点，公交站点主要沿站域内南北走向的体育西路和体育东路、东西走向的黄埔大道西和天河路一带分布。体育西路站域内的公交站点数量虽不及公园前站，但该站域内包含了广州 BRT 快速公交系统的终端站，同时紧靠 BRT 体育中心站的南侧分布有一个较大的常规公交站场（天河站），其站域内部的常规公交线路提供了与地铁、BRT 的接驳功能。体育西路站域内已形成了多种快速公共交通方式，公交站点分布在主干道上，一方面与该区域商业和商务出行客流的源点和汇点的空间分布一致，另一方面符合该区域大进大出的交通流的快速集散的要求。

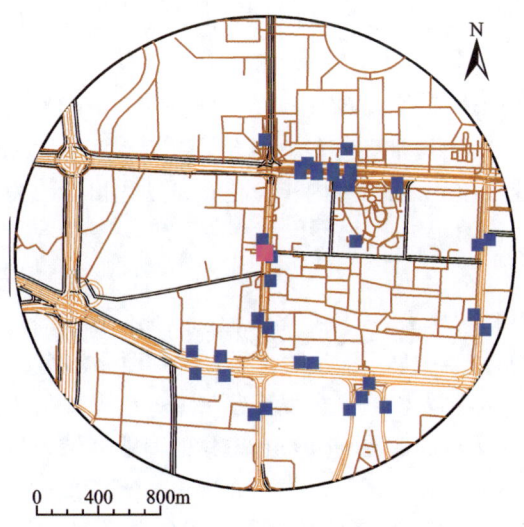

图 5-9 体育西路站域内公交车站的分布示意

2. 公交站核密度分析

图 5-10 反映了体育西路站域公交站核密度分析的结果。结果显示,体育西路站域内公共交通站点核密度整体处于较高的水平,在体育西路地铁站东北侧,即在由天河城、天环广场、正佳广场 3 个大型购物商场组成的大型商圈附近区域形成了高值中心,并沿着南北走向的体育西路呈蔓延趋势,说明该站域内公交围绕大型商圈分布并呈现出较为明显的站点集聚效应。

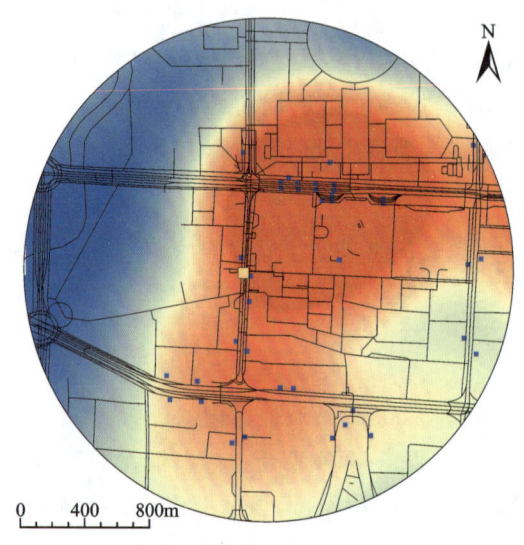

图 5-10 体育西路站域内公交车站核密度分析

3. 道路网线密度分析

图 5-11 为体育西路站域道路网线密度分析的结果。计算结果显示,体育西路站域内整体路网密度水平高,但路网密度的空间分异明显。道路网密度的高值区域围绕地铁站域内的"天河路—广州大道中—内环路"一带分布,站域内其他区域的道路网密度则明显较低。在站域东北侧公交站集聚分布的地区同时也有较高的路网密度,说明站域内的公共交通与商圈相互结合发展,在繁忙的商业集聚地带拥有较高的路网密度,保证了站域内能够通过大运量的公共交通实现人流的快速集散,协调站域内步行化和机动化出行的关系。

4. 道路空间整合度

从表 5-3 和图 5-12 的结果来看,体育西路站域的道路空间整合度峰值中心并未出现在地铁站附近,而是位于地铁站北侧地区,由南北走向的体育西路和东西走向的天河路所构成的道路交叉口处。体育西路站全局整合度最大值为 0.531 8,且峰值中心所处的区域正位于商圈路段的中心地位,道路交叉口的四周均分布有密集的商业店铺,对应于该区位中的"华南第一商圈"的核心黄金地段。另外,体育西路站域的局部整合度最大值为 0.249 4,最小值为 0.333 3,平均值为 1.338 2,数值较公园前站的局部整合度值要高,说明站域内的交通线网密度更高、干路网和支路网系统性更强、路网结构也更加完善,为体育西路站内超大的商业、办公等功能提供了可达性更好的城市空间。

第 5 章　TOD 站域的内部空间结构

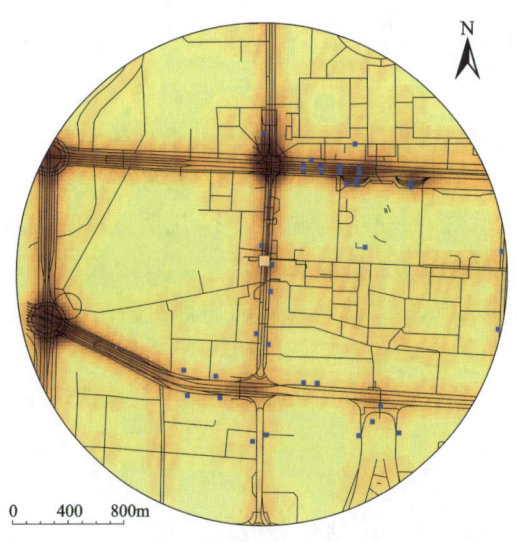

图 5-11　体育西路站域内道路网线密度分析

表 5-3　体育西路站域的全局整合度和局部整合度测算结果

全局整合度 (Integration [HH])	最大值	0.531 8
	最小值	0.244 4
	平均值	0.374 7
局部整合度 (Integration R3)	最大值	2.949 4
	最小值	0.333 3
	平均值	1.338 2

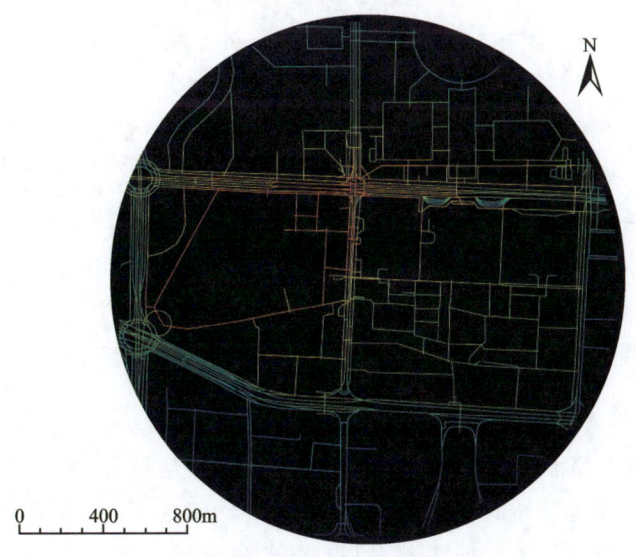

图 5-12　体育西路站域的道路空间整合度

5.2.3 空间功能特征

体育西路站域内居住建筑空间占比为 31.42%，商业建筑空间占比为 21.44%，办公建筑空间的占比为 36.58%，同样没有工业建筑空间的分布。站域内包含的 3 种建筑功能中，办公建筑空间的占比最高，居住功能次之，商业功能占比最小，说明该站域内以商务办公和居住功能为主。经测算，体育西路站域的建筑功能混合度为 1.3713，比公园前站域的建筑功能混合度要高。说明处于广州市城市新中轴地段、华南第一商圈的体育西路站域的商务办公功能较为明显，站域内分布有体量极大的高档写字楼、商铺、居住小区，无论是在水平方向上还是竖直方向上，地块内均实现了高强度的开发，各类型城市建筑功能空间围绕地铁站点形成了紧凑型布局。

1. 居住建筑空间

图 5-13 反映了体育西路站域内居住小区的空间分布。据统计，体育西路站域内一共有 63 个居住小区，数量较位于老城中心的公园前站域要少。住宅小区广布于体育西路站的西北、西、南和东南方向。距离地铁站点越近，住宅分布越密。城市次干道将各个居住小区连接成片，实现居住和交通空间的功能衔接。

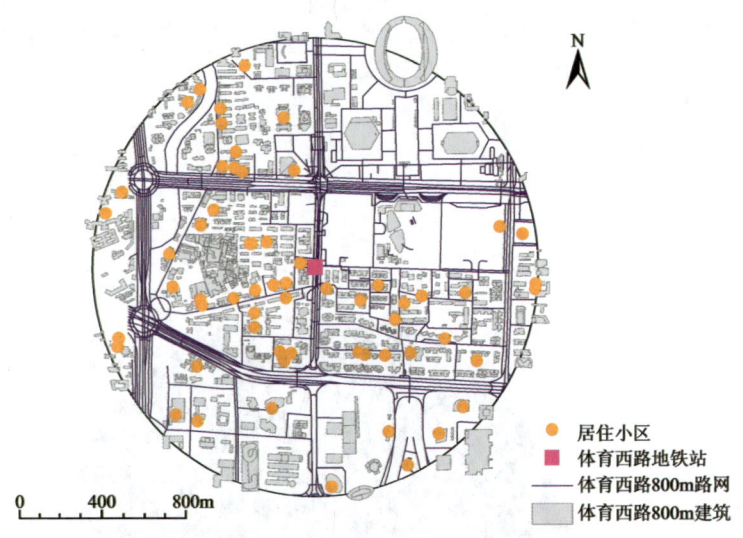

图 5-13 体育西路站域内居住空间分布示意图

2. 商业建筑空间

图 5-14 反映了体育西路站域的商业空间分布状况。据统计，体育西路站域内共计有 2117 个商铺，业态以大都市型新业态和高端奢侈消费业态为主。站域内的商铺呈现带状空间分布格局。在体育西路地铁站的北侧和东北侧，从西至东，在广百、天河城、天环和正佳广场 4 个商圈基础上，继续东延与太古汇、万菱汇商圈相连，形成了集餐饮、购物、休闲娱乐、文化消费多业态融合的区域级商业带。随着临近体育西路地铁站的老旧小区（如六运小区、天河南小区

等)实施"住改商"的转变,原居住空间衍生出了"网红店"和"网红街区"这一类线上流量线下实体的模式,使得体育西路站域呈现出"高端商贸"与"小店经济"两种商业形态差异化互补的模式。

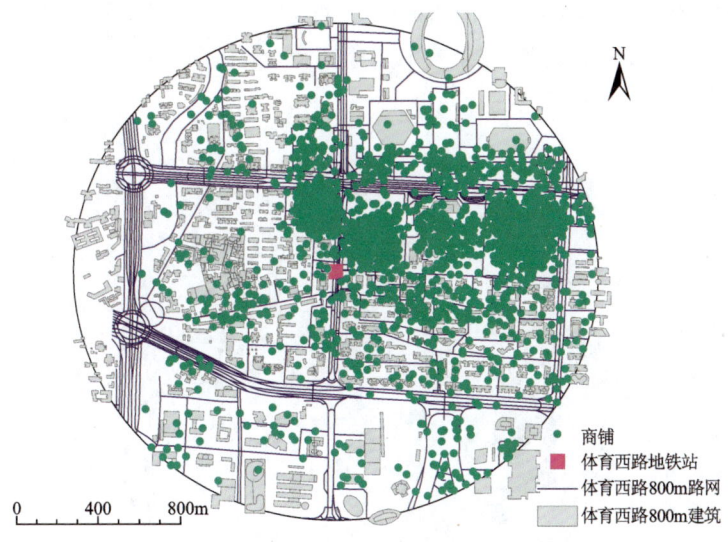

图 5-14　体育西路站域内商业空间分布示意图

3. 办公建筑空间

图 5-15 反映了公园前站域内公司企业的空间分布。据统计可知,共计有 694 个企业在体育西路站域内分布,分别在站域南侧、地铁上盖区域形成了块状集聚,同时在地铁站南北两侧的道路两旁形成了线性集聚。该站域内部是广州市办公企业聚集最为密集的地区之一,也是广州最早形成的块状办公区,加上政府规划控制引导、交通通达度高、周边景观良好的优势,使得站域内集聚了以中信大厦、新创举大厦、广州天河大厦、高盛大厦等为代表的甲级写字楼。

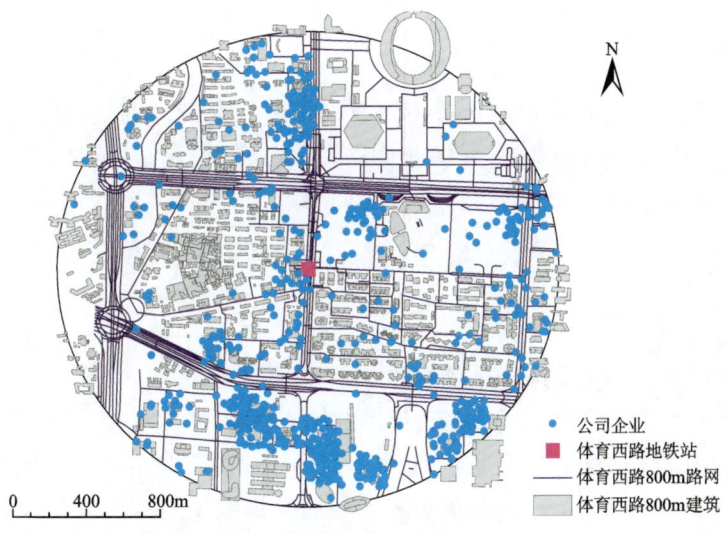

图 5-15　体育西路站域内办公空间分布示意图

4. 公共开放空间

体育西路站公共开放空间与站点周边的商业、办公、居住等功能的结合较为紧密(图5-16)。公共开放空间的分布较为分散,零散穿插于周边高密度的商业办公用地中,在各个居住区内均有分布。

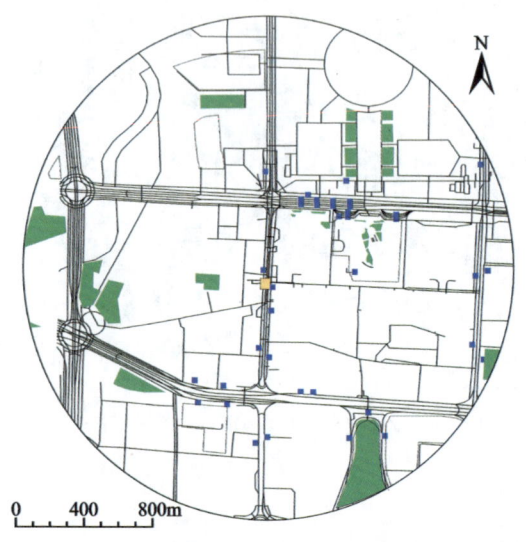

图5-16 体育西路站域的公共开放空间分布示意

5.3 番禺广场站域

5.3.1 区位背景

1. 交通区位

番禺广场站位于广州市番禺区市桥街道清河东路与番禺大道路口的交会处,是广州地铁3号线的起始(终点)站、地铁22号线和地铁18号线的中转站,未来还将成为地铁17号线的换乘站,是番禺区核心交通枢纽,未来也将成为广州南部地区四线交会的重要交通枢纽。

2. 城市区位

番禺广场站位于广州市番禺区区政府片区,是番禺区与市中心区以及周边区域连接的关键节点。由于广州市番禺区集中了许多大规模的住宅楼盘,番禺区与广州市中心之间的职住分离产生了极大的南北向通勤的交通需求,番禺广场站成为广州市南北向地铁交通要道上的重要站点。根据2019年《番禺广场及周边地区控制性详细规划》,广州市政府将对番禺广场周边地块大幅度提升开发强度,建成番禺新中心、未来城市中心、公共服务中心及轨道交通枢纽,并结合 TOD 模式进行开发,新增多处公共交通设施,整合轨道、公交、有轨电车等,实现高效换乘。作为广州新一轮地铁线网的场站综合体的重要示范点,番禺广场 TOD 的意义在于能让番禺可以更快速串联广州更多交通枢纽,与珠三角地区无缝换乘,成为打通广州南北大动脉的重要一环。

5.3.2 空间形态特征

1. 公交站点的空间分布

从图 5-17 来看,番禺广场站域范围内共计有 29 个公交站点,在该站域内公交站点的分布比较均匀,无论是站域内的主要干道(如清河东路、番禺大道、平康路和市莲路)还是居住片区附近的次干路均有公交车站分布。但从整体来看,较多的公交站点围绕番禺广场地铁站北侧的区政府分布,站域南侧居住区地块之间设置的公交车站数量较少。

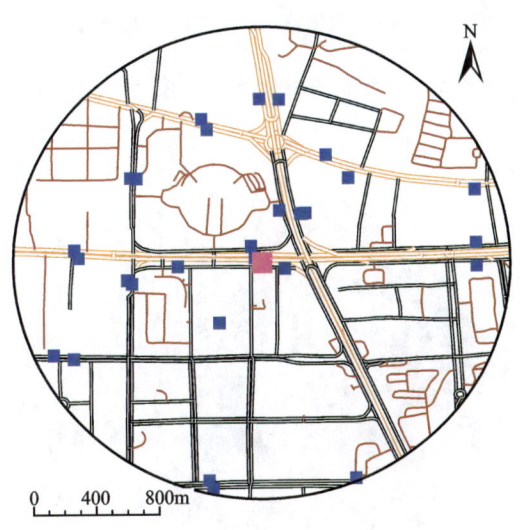

图 5-17 番禺广场站域内公交车站的分布示意图

2. 公交站核密度分析

图 5-18 为番禺广场站域公交站核密度分析的结果。计算结果显示,与公园前站和体育西路站域的公交站核密度相比,番禺广场站域内公交站核密度值整体较低,呈现西高东低的分布格局,站点的集聚效应围绕地铁站点初步显现,但整体水平较低。

3. 道路网线密度分析

图 5-19 为番禺广场站域道路网线密度分析的结果。计算结果显示,番禺广场站域内的道路网线密度分别在西北-东南走向的番禺大道北和东西走向且贯穿地铁站的清河东路这两条道路上形成了多个线密度高值中心,主要原因为站点周边商业服务性道路较多,车流集散量大;同时在站域的西北侧住宅分布区内(沙墟一新村、东秀园等)也形成了道路网

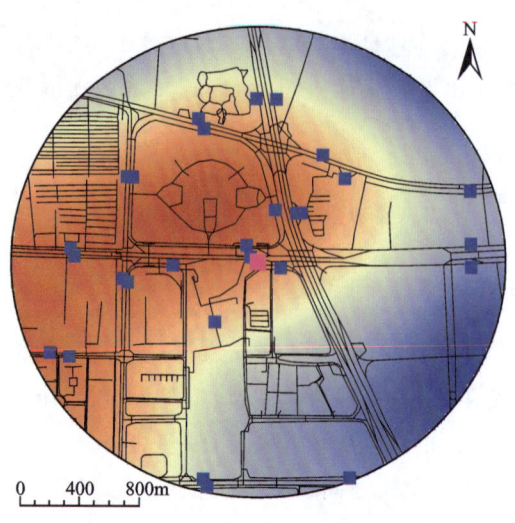

图 5-18　番禺广场站域内公交车站核密度分析

线密度的高值片区,说明在该住宅分布区内,较高密度的交通网络为居民提供了步行友好型的空间。

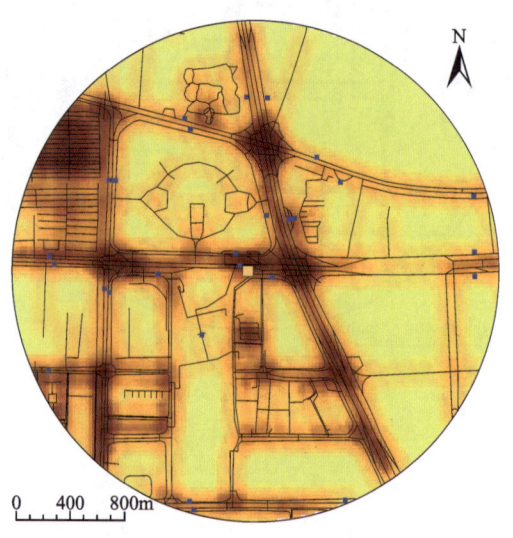

图 5-19　番禺广场站域内道路网线密度分析

4. 道路空间整合度

从表 5-4 和图 5-20 的结果来看,番禺广场站域的道路空间整合度高值中心位于站域中心的清河东路路段并贯穿番禺广场地铁站,高整合度区域与番禺广场站地铁出入口空间基本契合,呈现站域中心空间整合度高且随着距地铁站距离越远整合度越低的分布趋势。全局整合度的范围在 0.1~0.6 区间,局部整合度在 0.3~0.6 区间,说明该站域内部的道路网总体可达性较好,具有较好的场所活力。

表 5-4　番禺广场站域的全局整合度和局部整合度测算结果

全局整合度 （Integration [HH]）	最大值	0.597 2
	最小值	0.168 6
	平均值	0.399 7
局部整合度 （Integration R3）	最大值	0.527 3
	最小值	0.333 3
	平均值	0.430 3

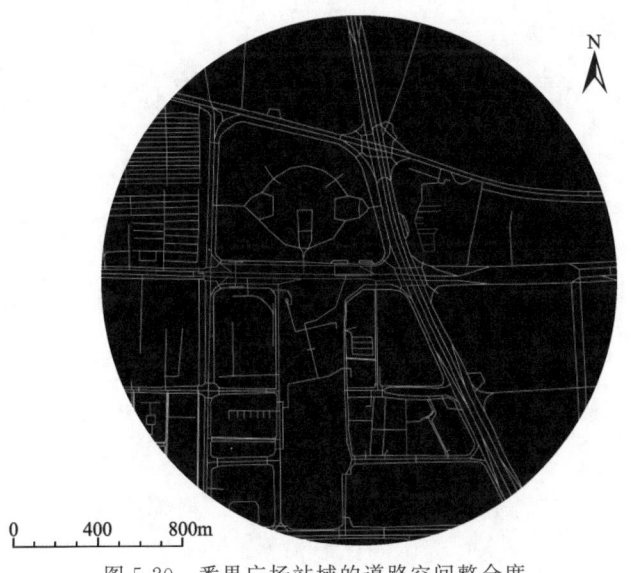

图 5-20　番禺广场站域的道路空间整合度

5.3.3　空间功能特征

番禺广场站域内居住建筑空间占比为 62.61%，商业建筑空间占比为 10.43%，办公建筑空间的占比为 24.84%，没有工业建筑空间的分布。与公园前站和体育西路站相比，番禺广场站域的居住建筑空间占比是这 3 个站域中最高的。这反映了番禺广场站域内布局有密集的居住小区，且该站域内很大一部分为旧村改造和政府征地后的复建物业，站域内居住这一主导功能极为突出。商业占比仅为 10% 左右，反映该站域内商业氛围的培育仍有大量的发展空间。经测算，番禺广场站域的建筑功能混合度为 0.971 2，混合程度相对偏低，这与该站域内开发建设起步较晚、土地建设量偏低、仍有较多留用地尚待发展建设有关。

1. 居住建筑空间

图 5-21 反映了番禺广场站域内居住空间的分布。据统计，体育西路站域内一共有 39 个居住小区，数量较位于老城中心的公园前站和位于城市新中轴地段的体育西路站要少。该站

域内较少有居住小区紧邻地铁站分布,大多被规划在距离轨道站点有一定距离(距离地铁站点约 600~800m 范围)的地块内,即居住片区主要分布在站域的外圈层内,分布情况较为规整。番禺广场站域的 TOD 建设潜力较大。

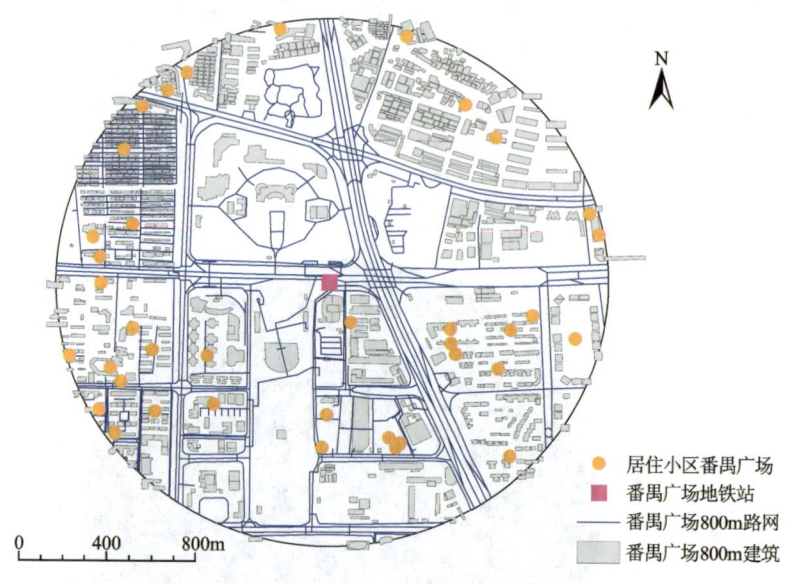

图 5-21　番禺广场站域内居住空间分布示意图

2. 商业建筑空间

图 5-22 反映了番禺广场站域内商业空间的分布。据统计,番禺广场站域内共计有 627 个商铺,商业业态涵盖以餐饮美食为主的体验消费和以鞋服箱包等为主的特色零售。站域内的商铺数量明显较公园前站和体育西路站的偏低,且主要在站域内番禺大道北的东侧围绕永旺梦乐城呈现集聚分布,其余商铺则在站域的北侧、东南侧、西南侧的住宅片区内与居住小区混合分布,以居民日常生活起居相关的商业业态为主,为住宅小区内的居民提供商业服务。

3. 办公建筑空间

图 5-23 反映了番禺广场站域内办公空间的分布。据统计可知,在番禺广场站域内共计有 190 个办公企业分布,主要分布在站域内番禺大道北以东的区域,站域西北侧也有少量的公司分布在道路两旁的商业大厦内。总的来说,番禺广场站域内公司企业的密度并不高,说明该站域内商务相关设施配套仍有待进一步发展。以商业商务等功能为主导的"番禺未来新中心"这一愿景仍需要在规划方案的指引下实行有序建设才能达成。

4. 开放空间分布

从图 5-24 看,番禺广场站域内的公共开放空间面积较公园前站和体育西路站的面积要大,且分布相对集中,主要集中在北侧的平康公园和南侧的基盛万科中央公园,番禺区人民政

第 5 章　TOD 站域的内部空间结构

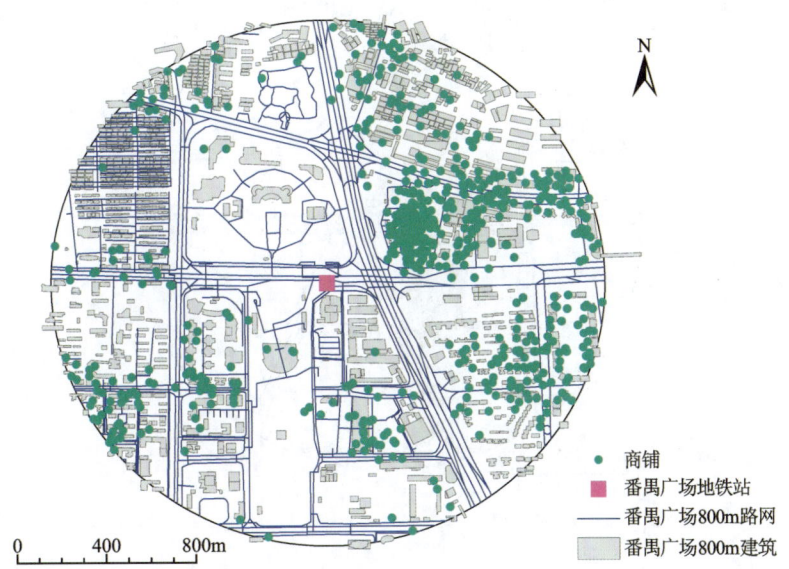

图 5-22　番禺广场站域内商业空间分布示意图

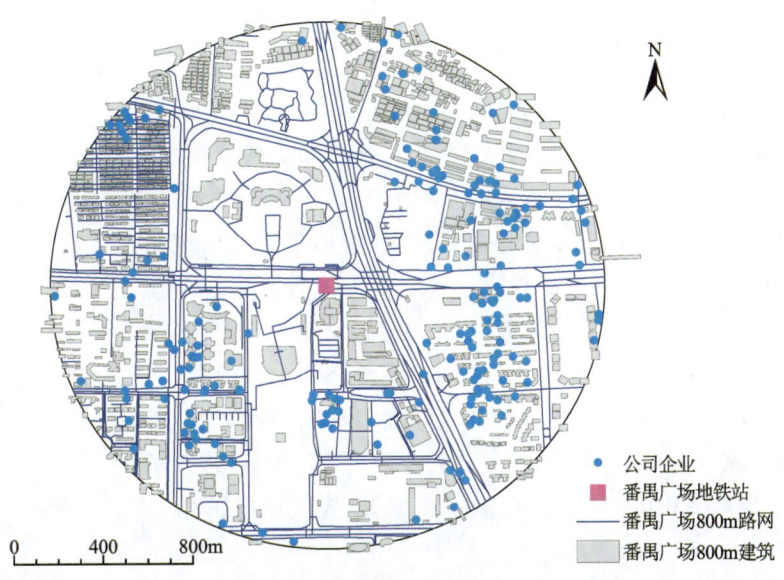

图 5-23　番禺广场站域内办公空间分布示意图

府内部也有一定规模的绿地面积。根据《番禺广场及周边地区控制性详细规划》，番禺广场站周边区域将通过打造"公园—区政府—公园—水岸"城市中轴来塑造番禺崭新城市客厅与门户空间形象，目前站域内已经布局有工人文化馆和区图书馆，未来还将建设科技体验中心、文化展览馆、科普活动馆等服务设施及游憩设施满足市民多样化的场所需求，打造具有高场所活力的城市空间。

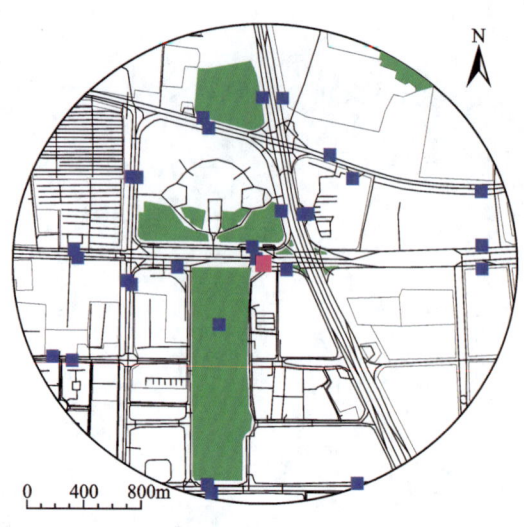

图 5-24　番禺广场站域的公共开放空间分布示意图

5.4　本章小结

3 种类型站域因所处的交通区位和城市区位不同，无论是表征站域内部总体特征的特征值还是站域空间形态和空间功能均有明显差别。

总体而言，根据空间功能指数的结果可知，Ⅲ型站域各项功能发育最为完善，Ⅱ型次之，Ⅰ型站最弱。但从合成空间功能指数的 6 项分维度指数来看，除了Ⅱ型站域体育西路站的经济活动指数和开发强度指数这 2 个指数表现最优外，其余分维度指数的数值大小均遵循"Ⅲ型站域＞Ⅱ型站域＞Ⅰ型站域"的规律。这是由于体育西路站承载了广州市内 CBD（中央商务区）和 RBD（游憩商业区）两大功能，人口和建筑密度大，经济活动异常集中，较公园前站和番禺广场站在空间上汇聚了更高密度的城市经济、科技和文化等多种功能，反映在指数的测算结果上即为该站的经济活动指数和开发强度指数的要高于其余两个站域。尽管这 3 种类型的站域规划建设具有较大差异，且开发时序不一，但 TOD 理念的高密度、多元化的内涵在站域的建设中均得到相应的体现，也契合了 TOD 模式所要求的"站城一体化"和"高质量发展"的规划理念。

从空间形态的角度来看，位于城市旧中轴核心地段的公园前站域，其公交站分布较为均匀，公交站的核密度峰值区与站域内的商业、办公和居住等活动的集聚所产生的交通需求相契合，道路系统也发育成了契合 TOD 模式的小路网结构特征，体现出公园前站域内的路网拥有较高的连通性和场所活力。广州地铁所有站点中客流量最大的地铁站体育西路站，站域内公共交通站点则围绕大型商业广场集聚分布，公共交通与商圈的结合发展使得繁忙的商业集聚地带发育了更高的路网密度，站点集聚效应凸显，系统性和可达性俱佳。番禺广场站作为未来 TOD 枢纽城市综合体的开发样本，建设起步时间相较于公园前站和体育西路站要晚，道路网的高值区域与站域内的居住小区高度契合，有利于打造步行友好型的道路空间。

第5章 TOD站域的内部空间结构

从空间功能的角度来看,3个站域的居住空间、商业空间、办公空间和开放空间各有特点。其中,公园前站域的居住、商业、办公三类建筑空间密集分布且高度混合,仅绿地这类开放空间受限于老城中心极高的区位地租影响,占比较少;体育西路站域内商业楼宇和办公大楼鳞次栉比,无论是水平方向还是竖直方向上均布局了高密度的建筑楼宇,尤以商业和办公两大类功能极为突出,仅能容纳绿地零散穿插于周边高密度的商办用地和居住小区中;番禺广场站则受益于后发优势,空间规划更为合理,绿地面积相对较大,但居住、商业、办公三类功能空间密度不高。

第6章 TOD建成环境的交通效应

6.1 地铁TOD站域与地铁客流量的关系

6.1.1 影响地铁站点客流量的因素

目前已有大量研究分析了影响地铁站点客流量的因素,影响因素的类型涵括了地铁TOD车站特征、地铁站域的社会经济因素(出行的边际成本、地铁TOD站域的经济区位)和地铁站域建成环境。

从地铁TOD车站特征来看,地铁客流量与地铁车站类型(换乘站、中间站)相关。换乘站由于有多条路线经过,往往会比中间站吸引更大的客流量。同时,地铁TOD车站与城市市中心的路径距离和在地铁网络中的可达性也是相关的,因为人们会更希望在城市中心地区使用公共交通出行。

从出行的边际成本看,随着与城市中心距离的增加,使用汽车出行所增加的时间成本会比使用公共交通大幅降低。另外,地铁TOD站域的经济区位也与地铁客流量相关,经济区位较高的站域在空间上可以表现为产生较多的经济活动行为,从而促进了公共交通的使用。

地铁TOD站域建成环境作为影响客流量的重要因素涉及密度、多样性和设计3个层面。站域的密度是影响客流量的关键因素,包括站域的建筑密度、人口密度,它被证实与客流量存在正相关关系。其意义在于,地铁站域周边可提供的大量商业及娱乐服务能吸引到更多的人使用地铁出行。同时,更高的土地使用组合被认为是鼓励地铁乘客量的关键因素,并且与地铁客流量呈正相关关系,具体表现在地铁站域的平面空间上的土地利用多样性和垂直方向的建筑利用混合度,皆可以成为增加公交客流量的有效土地利用政策。此外,地铁站域在设计层面希望与土地利用多样性相结合,塑造更宜居的社区以使人们更方便地步行到达车站来实现增加客流量的目的。传统的网格状街区布局模式,提高了地铁站点访问的便捷性,街区的交叉口密度、公共开放空间对人们的交往活动和街区的活力具有促进作用。因此,从设计层面看,地铁站域的道路交叉口数量、公共开放空间面积对提高地铁客流量具有促进作用。

然而,地铁站点的客流量不仅与TOD站域的建成环境相关,还与周边的公共交通换乘便捷程度产生密切联系。地铁TOD站域获得公交服务的便捷程度越高,人们使用地铁和公交出行的频率则越高。地铁TOD站域内部更方便的步行可达性,也被认为是提高地铁站点客流量的关键因素之一。

上述研究为本章提供了地铁 TOD 站域建成环境指标的选择依据,不同的是本章不仅考虑单个因子对客流的影响,还考虑因子间交互作用的影响。

6.1.2 地铁 TOD 站域建成环境影响因子的选择

以"节点—场所—联系"模型为分析框架,基于 Cervero 提出的 TOD 的 5D 原则(密度、多样性、设计、换乘距离、目的地可达性),笔者构建了影响客流量的 TOD 站域建成环境因子(图 6-1),包括:①节点维度,反映地铁 TOD 站域与地铁网络和城市的关系,以各类型区位表达。其中到城市中心的距离反映 TOD 站域的城市区位,站域半径内的平均地价则反映站域的经济区位,从站域出发到达各地铁站域的平均出行时间反映交通区位,站域所在的地铁站点是否为换乘站或中间站,则反映站域的轨道网络区位。②场所维度,反映地铁 TOD 站域空间的开发强度,以站域密度、多样性和设计指标表达。密度层面表示城市人口与功能的密度;多样性层面表示不同土地利用类型与所在建筑的功能混合;设计层面则表示建成环境对居民日常出行使用的友好性。③联系维度,反映地铁站域的内部空间结构,以交通换乘的便利性及其步行可达水平表达。站域范围内的公交巴士线路数量反映交通换乘的便利性;步行 800m 出行圈范围占 TOD 站域面积比例则反映站域空间的步行连通性。

影响因子的选择遵循以下几个原则:①在理论上与拓展"节点—场所"模型的构建相匹配;②与相关文献的一致性;③数据的可获取;④反映广州 TOD 站域建设的特征。最终构建了一个包括 14 个影响因子的指标体系性。指标体系与指标测算结果统计分别见图 6-1 与表 6-1。

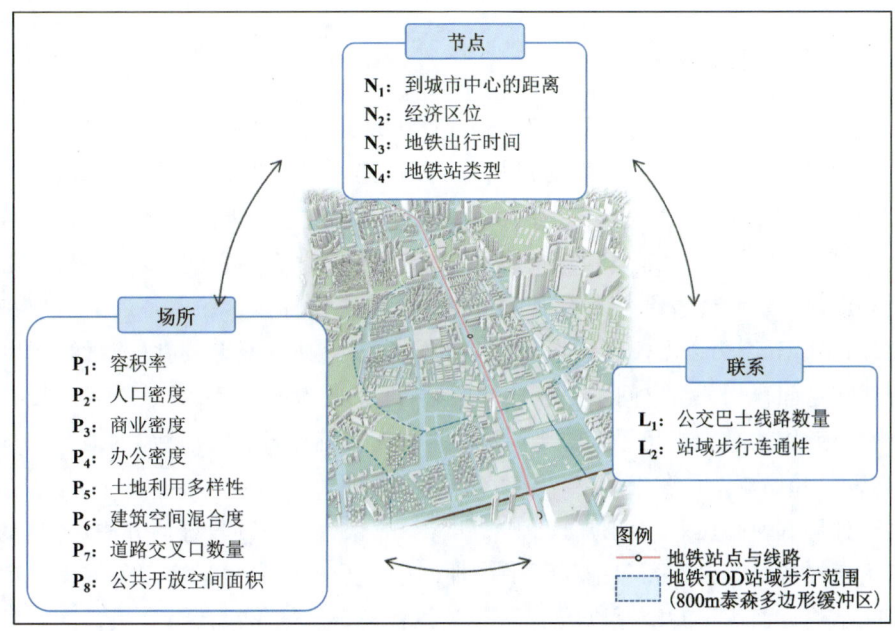

图 6-1 影响地铁客流量的建成环境因子

表 6-1 影响因子的描述性统计

因子名称	极大值	极小值	平均值	标准差
N_1 到城市中心的距离	66.91	3.81	21.48	16.45
N_2 经济区位	25 077.69	2 495.58	11 514.43	6 251.87
N_3 地铁出行时间	80.06	23.87	38.16	14.10
N_4 地铁站类型	1	0	0.159 6	0.367 1
P_1 容积率	4.37	0.01	1.09	0.83
P_2 人口密度	93 100	300	16 153.52	18 478.29
P_3 商业密度	3 624.45	1.99	658.92	642.19
P_4 办公密度	347	0	83.35	70.84
P_5 土地利用多样性	0.944 5	0.833 5	0.913 0	0.019 4
P_6 建筑空间混合度	1.813 0	0.000 0	0.952 5	0.360 0
P_7 道路交叉口数量	154.00	5.00	25.29	17.47
P_8 公共开放空间面积	1 946 386	0	133 840.86	260 542.56
L_1 公交巴士线路数量	134	1	32.93	25.72
L_2 站域步行连通性	0.994 5	0.192 9	0.547 9	0.158 6

6.2 地铁站点客流量影响因素的地理探测方法

6.2.1 相关研究方法

在方法学上,多种测算模型已用于分析地铁 TOD 站域与其客流量之间的影响关系。由于直接客流量模型的应用,研究可以通过构建 TOD 建成环境特征因子的回归函数,以调查 TOD 站点客流量的影响因素。其中最常见的是使用正常最小二乘法(ordinary least squares, OLS)回归分析外部因素对地铁车站客流量的影响。后续学者分别使用泊松回归、距离衰减回归、结构方程模型等方法,研究影响地铁站客流量的决定性因素。但是以上模型在空间影响分析上存在缺陷,因为以上模型假设各因素的影响参数在空间上具有一致性,所以无法解释因变量存在空间自相关与空间不平稳性的问题,即表现为地铁 TOD 站域客流量存在空间异质性。空间异质性是指相互邻近的地铁站域具有相似特征,而相互远离的地铁站域具有不同的特征,因此导致地铁站客流量存在空间分异现象。

作为一种局部回归模型,地理加权回归(GWR)被认为是一种较好的方法,尤其是用于解决在建模中存在的空间自相关和空间不平稳性问题。这些研究也证实了 GWR 模型在预测性能和现实结论方面优于 OLS 回归模型等全局线性模型。近年来,GWR 模型的各种改进模型被引入到地铁客流量的影响机制分析中,它们的目标都是提高客流量回归分析的精确度。除此之外,GeoDetector 模型也是一种衡量空间异质性的及其背后驱动力的空间统计方法,与

GWR 模型相比各有优异之处。GeoDetector 模型的特点在于无须地理变量的线性相关假设，并且可以探测因子交互组合效应对因变量空间分异的影响程度。借助 GeoDetector 模型的因子探测器模块，可以明晰具有统计显著性的自变量及其对因变量的解释力。GeoDetector 模型基于空间分层异质性分析，比较了层内的空间方差和层之间的空间方差，空间分层异质性分析的主要优点是地理变量不需要任何假设，它反映了地理属性的真实空间关联。无论是 OLS 回归模型还是 GWR 模型，其建模的机制都是基于自变量与因变量之间存在线性相关的假设，因此都属于线性相关的影响评价模型，而 GeoDetector 则是一种非线性相关模型。

然而，地理现象的影响机制是多元且复杂的，即其可能存在一元或者多元因素的共同作用导致的空间现象。因此不能仅关注单一建成环境因素对地铁客流量的影响，而忽略了这些影响因素之间的相互作用。利用 GeoDetector 模型的交互作用探测器模块，进一步判断自变量之间，是否具有交互作用及其作用强度与类型。但是，目前在建成环境因子对交通领域的影响中，本书只发现 GeoDetector 模型被应用于探测共享单车使用量或道路交通拥堵与建成环境因子的交互效应影响，尚未发现被应用于探讨影响地铁客流量的影响机制。探索因子之间的相互作用对公共交通规划至关重要，值得在交通研究中引起高度重视。为了完善 GeoDetector 模型在地铁客流量影响效应方面的应用，本书重点使用 GeoDetector 模型的因子检测器和交互作用探测器模块分析地铁 TOD 站域建成环境与地铁客流量的影响机制，并进一步比较各因子的个体效应和各因子间的交互效应之间的影响差异，分析结果可为城市地铁 TOD 站域建设提供相关政策支持。

6.2.2 地理探测器的基本原理

GeoDetector 模型在探测空间分异性以及揭示其背后驱动力方面具有一定的优势，尤其是揭示影响因子对因变量所产生的个体效应与交互效应。在 GeoDetector 模型中，地理学常用的子模型主要是因子探测器与交互式探测器，而风险探测器以及生态探测器在生态领域中应用更为广泛。

1. 因子检测器模型（反映因子的个体效应）

主要用于探测因变量 Y 的空间分异性，以及探测某影响因子 X 可以在多大程度上解释因变量 Y 的空间分异，用 q 值表示。q 值的取域范围为 $[0,1]$，q 值越高，此影响因子对因变量的贡献就越大。极端情况下，$q=1$，表明因子 X 完全控制了 Y 的空间分布；$q=0$，则表明因子 X 与 Y 没有任何关系。统计量 q 值的计算公式为

$$q = 1 - \frac{\sum_{h=1}^{L} N_h \sigma_h^2}{N \sigma^2} = 1 - \frac{\mathrm{SSW}}{\mathrm{SST}} \tag{6-1}$$

$$\mathrm{SSW} = \sum_{h=1}^{L} N_h \sigma_h^2 \tag{6-2}$$

$$\mathrm{SST} = N \sigma^2 \tag{6-3}$$

式中：$h=1,\cdots,L$ 为变量 Y 或因子 X 的分层（Strata），即分类或分区；N_h 和 N 分别为层 h 和全区的单元数；σ_h^2 和 σ^2 分别是层 h 和全区的 Y 值的方差；SSW 和 SST 分别为层内方差之和

和全区总方差。

在本书中,自变量(建成环境因子)包括类型变量和连续变量,需要将连续变量离散化为类型变量,再进行 GeoDetector 模型运算。连续变量的离散化方法是影响模型运算结果的重要因素,自变量不同的空间排列方式会产生不同的分析结果。因此本书比较了不同的离散化方法,选择离散化方法和各地理连续变量中断值的最佳组合作为最优离散化参数,在最佳组合下会生成 q 值最大值,从空间分层异质性的角度表示变量的最高解释程度。离散化方法包括自然断裂法、相等间距法和分位数法3种常用的方法。

2. 交互式探测器模型(反映因子的交互效应)

识别不同风险因子 A 与 B 之间的交互作用,即评估因子 A 和 B 共同作用时是否会增加或减弱对因变量 Y 的解释力,或这些因子对 Y 的影响是否是相互独立的。评估的方法是分别计算两种因子 A 和 B 对 Y 的 q 值,即 $q(A)$ 和 $q(B)$,并且计算它们交互(叠加变量 X_A 和 X_B 两个图层相交所形成的新多边形分布)时的 q 值,即 $q(A \cap B)$,并对 $q(A)$、$q(B)$ 与 $q(A \cap B)$ 进行比较。

相互作用检测器是通过比较两个单独的影响因子,以及它们的独立贡献来确定两者的组合贡献是相互增强还是削弱的。最后,模型将两个因子之间的交互关系分为以下7种类型。

非线性增强(Enhance, nonlinear)
$$q(A \cap B) > [q(A) + q(B)]$$

独立(Independent)
$$q(A \cap B) = [q(A) + q(B)]$$

双因子增强(Enhance, bi-)
$$\max(q(A), q(B)) < q(A \cap B) < [q(A) + q(B)]$$

单增强/减弱(Weaken, uni-)
$$\min(q(A), q(B)) < q(A \cap B) < \max[q(A), q(B)]$$

非线性弱化(Weaken, nonlinear)
$$q(A \cap B) < \min[q(A), q(B)]$$

6.2.3 地铁客流量影响程度在局部空间的分异探测方法

为了刻画多个变量之间的空间相关性,双变量空间自相关分析为揭示不同要素空间分布的相关性提供了可行方法。双变量空间自相关分析包括双变量全局空间自相关[式(6-4)]与双变量局部空间自相关,并通常由 Moran's I 指数来衡量。双变量局部空间自相关的计算如式(6-5)所示。

$$\text{Moran'I}_{global} = \frac{n \sum_{i=1}^{n} \sum_{j \neq i}^{n} W_{ij} \cdot (X_i - \overline{X}) \cdot (X_j - \overline{X})}{\sum_{i=1}^{n}(X_i - \overline{X}) \sum_{i=1}^{n} \sum_{j \neq i}^{n} W_{ij}} \tag{6-4}$$

$$\text{Moran'I}_{local(h,k)} = \frac{X_h^i - \overline{X_h}}{\sigma_h} \cdot \sum_{j=1}^{n} W_{ij} \left(\frac{X_k^j - \overline{X_k}}{\sigma_k} \right) = z_h^i \cdot \sum_{j=1}^{n} W_{ij} \cdot z_k^j \tag{6-5}$$

式中：$\text{Moran}'\text{I}_{\text{local}(h,k)}$ 为双变量局部空间自相关指数；X_h^i，X_k^j 分别为地理单元 h 属性的 i 值和地理单元 k 属性的 j 值；$\overline{X_h}$，$\overline{X_k}$ 分别为属性 h 和 k 的平均值；σ_h，σ_k 分别为属性 h 和 k 的标准差；z_h^i 和 z_k^j 分别表示相对于均值和标准差的标准化变量；W_{ij} 为空间权重矩阵。

Moran's I 的范围为[-1，1]，Moran's I<0、Moran's I>0 和 Moran's I=0 分别表示负的空间自相关、正的空间自相关和无空间自相关。Moran's I 的绝对值越大,说明空间自相关程度越强。

双变量局部空间自相关结果可通过双变量 LISA 聚类图,将自变量与因变量的空间关联分为 4 种空间集聚类型,包括高—高(H—H)、高—低(H—L)、低—高(L—H)和低—低(L—L)。其中,高—高(H—H)和低—低(L—L)类型表示空间要素 i 和空间要素 j 之间存在空间正相关,而高—低(H—L)和低—高(L—H)类型表示存在负相关,4 种类型在空间上表现出显著的分异性。

本章使用 GeoDetector 模型探测因变量的空间分异性,并探测某建成环境因子可以在多大程度上解释地铁站点客流量的空间分异情况,以识别某建成环境因子对地铁站点客流量的影响程度。而通过局部空间自相关分析,可以为空间分异的解释量在局部空间上的变化做出进一步的解释。通过在局部空间上建成环境因子与地铁站点客流量空间相关性的空间分异发现建成环境因子与地铁站点客流量之间空间相关性的不稳定性,即产生相应的相互促进或抑制作用。这种空间上的不稳定性结果为 TOD 政策者制定差异性公共政策提供相应的参考。

6.2.4 地铁 TOD 站域的修订

使用上述方法要求地铁 TOD 站域的每个统计区保证研究样本独立性。地铁 TOD 站域间的半径 800m 的缓冲区范围容易重叠,特别是在中心城市地区。为了避免部分要素被站域重复计算,引入泰森多边形解决站域重叠问题。最后,本章界定的地铁 TOD 站域范围为去除了站域重叠部分的多边形范围(图 6-2)。

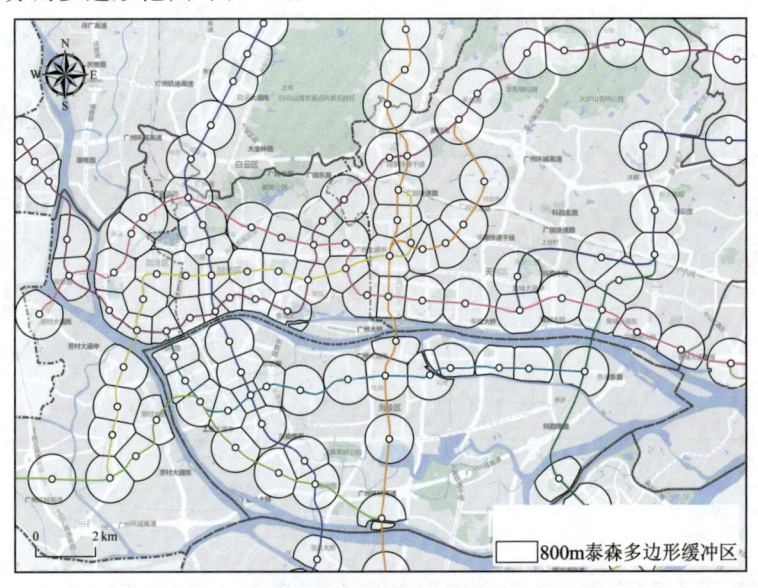

图 6-2 去除重叠区域的 TOD 站域空间单元

6.3 地铁客流量的空间分布特征

从客流量的空间分布看(图6-3),无论是工作日还是周末,TOD站域的客流量在空间分布上呈现"核心—边缘"的结构特征,并表现出空间异质性。客流量高值区分布于市中心、CBD及对外交通枢纽等城市重要功能区,随着TOD站域与市中心的距离增加,站域的客流量逐渐下降。同时,这个结果也表现出相邻的站点有相似的客流量,即可能存在影响站点客流量的空间自相关效应(表6-2),即地铁乘客量是由它们与空间相邻的其他车站的相互作用决定的。然而,对比工作日与周末的"核心区"范围,可以明显地看到工作日的客流核心区范围明显比周末要大,这可能与人们工作日的职住通勤行为和周末的休闲旅行行为的活动半径息息相关。因此,可以推测,城市中心在周末虽具有休闲娱乐的吸引力,但地铁TOD的建设发展带动了广州的多极化发展,促成了周末交通出行的空间均衡化发展。

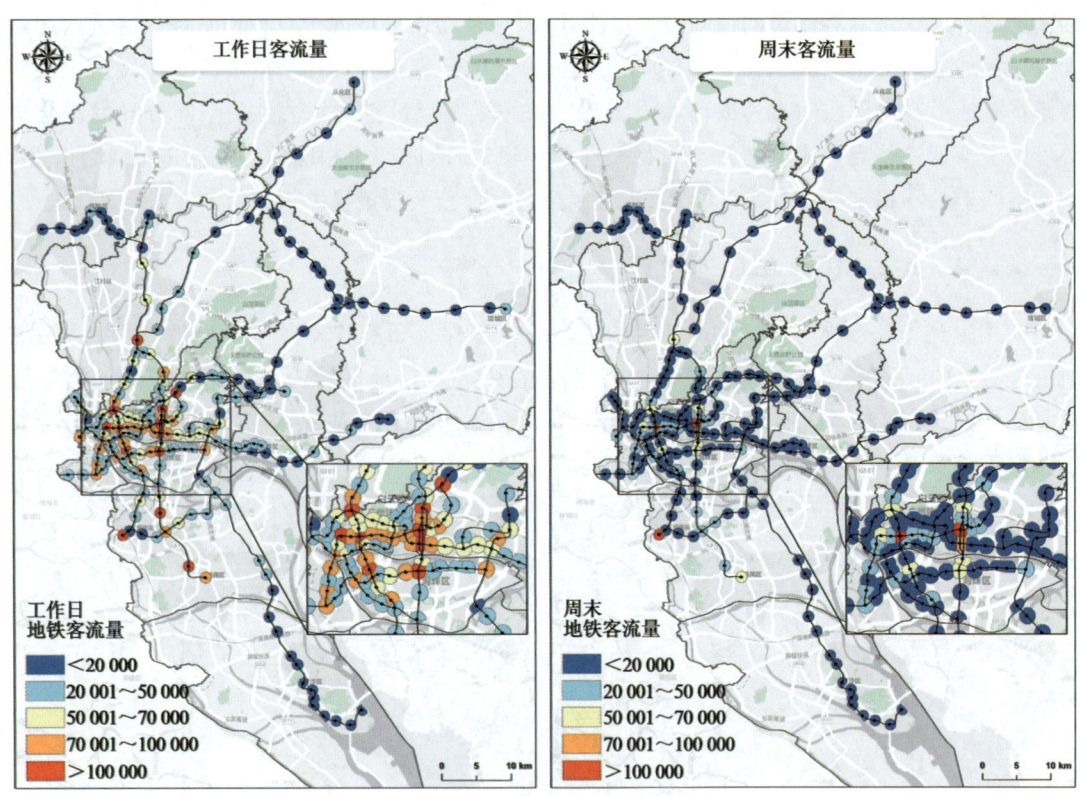

图6-3 工作日与周末地铁TOD站点客流空间分布

表6-2 地铁TOD站点客流量空间自相关分析结果

地铁客流类型	Moran's I global	P 值
工作日总客流量	0.465 8	0.000 0
周末总客流量	0.177 9	0.000 5

6.4 建成环境对地铁站点客流量的影响

6.4.1 对工作日客流量的个体效应

作者使用 GeoDetector 模型的因子探测器分析了 14 个选定的 TOD 站域建成环境因子对地铁站点客流量的个体影响效应,结果与相关的 TOD 客流量研究结果相似。在 p 值小于 0.00 情况下,所有建成环境因子对工作日总客流量存在显著贡献(表 6-3)。作者发现,P_2(人口密度,$q=0.4940$)是影响力最强的因子,此外,N_1(到城市中心的距离)、N_2(经济区位)、N_3(地铁出行时间)、P_1(容积率)、P_3(商业密度)和 L_1(公交巴士线路数量)的影响力均高于平均水平($q=0.3590$)。这说明影响工作日地铁客流量的主要影响因子是密度指标以及与距离相关的指标。

表 6-3 建成环境因子的个体影响效应(工作日总客流量)

维度	TOD 原则	自变量	名称	工作日总客流量			
				q 值	p 值	排名	离散化数量
节点	站点特征	N_1	到城市中心的距离	0.4022	0.0000	7	3
		N_2	经济区位	0.4665	0.0000	2	3
		N_3	地铁出行时间	0.4095	0.0000	6	3
		N_4	地铁站类型	0.2174	0.0000	12	2
场所	密度	P_1	容积率	0.4628	0.0000	3	6
		P_2	人口密度	0.4940	0.0000	1	13
		P_3	商业密度	0.4563	0.0000	4	3
		P_4	办公密度	0.3447	0.0000	9	4
	多样性	P_5	土地利用多样性	0.1715	0.0000	13	2
		P_6	建筑空间混合度	0.1589	0.0000	14	3
	设计	P_7	道路交叉口数量	0.3401	0.0000	10	4
		P_8	公共开放空间面积	0.2927	0.0000	11	7
联系	换乘距离	L_1	公交巴士线路数量	0.4516	0.0000	5	5
	目的地可达性	L_2	站域步行连通性	0.3576	0.0000	8	6

从 TOD 的 5D 原则与站点特征来看(表 6-3),具有显著影响作用的因子主要来自密度、站点特征与换乘距离层面,这也有助于作者进一步解释其个体效应的影响机制。

场所维度的密度层面是影响力最强的一类因子,包括人口密度、容积率、商业密度和办公密度因子。根据 GeoDetector 模型理论,人口密度因子解释了约 49% 的工作日地铁客流量分布。对于城市中人口密度分布较多的地区,会有更多的人们使用地铁出行作为工作日的日常通勤方式。另外,更高的容积率、商业密度或者办公密度,都各自对工作日地铁客流量形成较强的影响力。因此,对于工作日的通勤客流来说,密度越高的 TOD 站域,可以提供更多的职住空间,同时也容纳更多的工作机会,让更多的人们使用地铁而不是小汽车通勤。

节点维度的站点特征层面对工作日地铁客流量产生显著影响。其中地铁 TOD 站域的经济区位(N_2)反映区域的综合地价水平,同时也反映当地的社会经济发展水平,其中该因子的地铁客流量解释水平在 47% 左右。另外,地铁 TOD 站域到城市中心的距离与地铁的网络平均出行时间也是重要的解释因子。因此,提高 TOD 站域的综合区位水平,对吸引其工作日客流量至关重要。

联系维度的换乘距离层面也是影响工作日地铁客流量的重要因子,主要表现为在半径 800m 的地铁 TOD 站域范围内可以换乘的公交巴士线路数量(L_1),反映了地铁与公交的换乘便捷程度。对于通勤者来说,若地铁与公交换乘便捷度较高,则可以在通勤时间内提高他们的出行可达范围,并以较低的费用出行。因此,改善公交换乘对提升地铁通勤客流非常重要。

6.4.2 对周末客流量的个体效应

从因子探测器的结果可知,与工作日地铁客流量相比,周末地铁客流量的影响机制有显著差异。在 p 值小于 0.01 情况下,所有建成环境因子对工作日总客流量存在显著贡献(表 6-4)。作者发现,N_2(经济区位,$q=0.3535$)和 P_8(公共开放空间面积)是影响力较强的两个因子,说明周末出行客流指向两种地域,一是市中心区,二是休闲娱乐区。影响力均高于平均水平($q=0.2420$)的因子分别是 N_1(到城市中心的距离)、P_2(人口密度)、P_3(商业密度)、L_1(公交巴士线路数量)和 L_2(站域步行连通性),这说明密度指标、公交系统的集散能力与步行环境对周末地铁客流具有重要影响。

表 6-4 建成环境因子的个体影响效应(周末总客流量)

维度	TOD 原则	自变量	名称	周末总客流量			
				q 值	p 值	排名	离散化数量
节点	站点特征	N_1	到城市中心的距离	0.299 3	0.000 0	5	8
		N_2	经济区位	0.353 5	0.000 0	1	5
		N_3	地铁出行时间	0.165 9	0.000 0	12	2
		N_4	地铁站类型	0.196 2	0.000 0	10	2
场所	密度	P_1	容积率	0.211 6	0.000 0	8	3
		P_2	人口密度	0.281 1	0.000 0	6	6
		P_3	商业密度	0.342 2	0.000 0	3	4
		P_4	办公密度	0.137 8	0.000 2	13	2
	多样性	P_5	土地利用多样性	0.204 2	0.000 0	9	4
		P_6	建筑空间混合度	0.058 8	0.001 7	14	2
	设计	P_7	道路交叉口数量	0.184 2	0.000 0	11	2
		P_8	公共开放空间面积	0.351 8	0.000 0	2	9

续表 6-4

维度	TOD 原则	自变量	名称	周末总客流量			
				q 值	p 值	排名	离散化数量
联系	换乘距离	L_1	公交巴士线路数量	0.336 0	0.000 0	4	8
	目的地可达性	L_2	站域步行连通性	0.265 1	0.000 0	7	5

从 TOD 的 5D 原则与站点特征来看（表 6-4），具有显著影响作用的因子主要来自站点特征、密度、设计、换乘距离与目的地可达性层面，这也有助于作者进一步解释其个体效应的影响机制。

节点维度的站点特征反映了地铁 TOD 站域的区位优势，是影响力最强的一类因子，包括地铁出行时间、到城市中心的距离、经济区位和地铁站类型因子。其中经济区位（N_2）因子解释了约 35% 的周末地铁客流量分布，说明人们在周末的休闲旅行更倾向于访问城市高地价区域——城市主城区。主城区由于可以承载更多的商业娱乐活动以及享有更多的城市公共服务分布，能够吸引更多的人流活动，因此在周末人们会更乐意到城市中心等主城区进行休闲娱乐活动。这也从另一方面验证了本书的分析结果，即到城市中心的距离（N_1）可以解释约 30% 的周末地铁客流量。因此，对于人们周末的休闲旅行活动，城市商业活动与公共服务的集聚分布和到城市中心的空间距离成本都是很重要的影响因素。

场所维度的密度层面与设计层面则反映了人们在周末更倾向前往什么样的场所空间进行活动。其中，公共开放空间面积（P_8）同样也解释了约 35% 的周末地铁客流量分布，商业密度（P_3）与人口密度（P_2）则分别有 34% 和 28% 的解释度。以上结果反映了在周末人们更倾向前往分布有较多城市广场、绿地公园、体育场馆与商业娱乐空间等的场所，且在人流密集的地区进行休闲娱乐活动。广州北京路商业步行街集中分布有许多的商业业态与历史文化景点，因此可以吸引许多人们周末前往进行购物娱乐活动，而天河城商圈则集中分布有 5 个以上的大型商业综合体，通过立体空间连通了北侧的天河体育中心与南侧的花城广场等公共开放空间，同样汇聚了大量的休闲旅行人流量。因此，在人口密集区建设公共开放空间与商业娱乐空间对提升周末地铁客流量非常重要。

联系维度的换乘距离层面与目的地可达性层面反映了 TOD 站域步行联系的紧密性，其公交巴士线路数量（L_1）与站域步行连通性（L_2）都是影响周末地铁客流量的主要因子。地铁与公交的换乘便捷与 TOD 站域步行连通性都反映了同一个影响因素，即改善地铁 TOD 站域的步行环境友好性，使人们可以在相同时间内访问到更多的城市设施与场所，对吸引人们在周末前来休闲旅行非常重要。因此，提升周末的地铁客流量不仅需要注重场所空间的营造，还需要改善 TOD 站域空间的步行环境的连通性。

关于因变量影响机制目前大量研究仅关注每个因子的个体影响与各种线性回归模型，这不利于本书研究多个因子的共同驱动作用。然而，地理现象的空间分布的影响机制是复杂的，特别是在空间上存在空间异质性的地理现象。

6.5 因子组合对地铁客流量的交互效应

6.5.1 对工作日客流量的交互效应

相比单因子的个体影响效应,双因子交互效应在工作日具有更强的地铁客流量影响力。基于 14 个因子可交互形成 91 对独立的交互组合(图 6-4),作者发现所有因子交互组合的 q 值均高于其原始单因子的 q 值较大值,并通过 p 值小于 0.01 的显著性检验。其中,人口密度(P_2)与公共开放空间面积(P_8)的因子交互效应对工作日地铁客流量的影响力是最强的,交互式 q 值达到 0.724 3,其次是人口密度(P_2)与公交巴士线路数量(L_1)的交互效应(q=0.723 3),容积率(P_1)与人口密度(P_2)的交互效应(q=0.712 3)。其中,交互效应均在 0.60 以上共有 21 对组合,说明通过上述组合可以解释 60% 以上的工作日地铁客流量。从交互效应的结果看,前 10 名的交互组合都是双因子增强效应(表 6-5),即通过同时改善一组建成环境因子,对工作日客流量的提高作用大于改善任意因子所产生的效应。相比单因子效应最高 49% 的影响力,因子交互效应结果对政策制定者改善工作日地铁客流量更有帮助。

$q(A\cap B)$	N_1	N_2	N_3	N_4	P_1	P_2	P_3	P_4	P_5	P_6	P_7	P_8	L_1	L_2
N_1														
N_2	0.503 8													
N_3	0.454 1	0.505 6												
N_4	0.522 5	0.579 0	0.518 9											
P_1	0.534 2	0.554 4	0.527 0	0.624 7										
P_2	0.651 6	0.679 7	0.622 0	0.669 3	0.712 3									
P_3	0.528 4	0.579 1	0.569 5	0.572 3	0.573 7	0.679 4								
P_4	0.486 0	0.530 2	0.505 0	0.543 0	0.538 0	0.662 0	0.493 2							
P_5	0.423 9	0.478 3	0.436 6	0.359 3	0.491 3	0.520 9	0.459 8	0.377 8						
P_6	0.431 2	0.519 6	0.445 9	0.334 1	0.559 0	0.642 3	0.515 9	0.425 7	0.260 0					
P_7	0.497 4	0.569 7	0.527 8	0.481 8	0.563 3	0.708 5	0.516 1	0.522 9	0.396 7	0.445 6				
P_8	0.601 3	0.593 6	0.572 5	0.442 6	0.640 1	0.724 3	0.655 5	0.547 3	0.465 4	0.424 3	0.558 3			
L_1	0.540 5	0.588 6	0.578 7	0.581 2	0.626 4	0.723 3	0.551 9	0.564 0	0.459 9	0.473 3	0.616 1	0.647 8		
L_2	0.462 7	0.524 3	0.485 0	0.514 1	0.531 6	0.693 7	0.525 6	0.485 3	0.389 7	0.443 8	0.486 4	0.603 9	0.608 6	

图 6-4 建成环境因子对工作日地铁客流量的交互影响作用

表 6-5 建成环境因子的交互影响效应(工作日总客流量)

因子组合	$q(A\cap B)$	$q(A)+q(B)$	$q(A\cap B)$ 的取值区间	交互作用效果	排名
$P_2 \cap P_8$	0.724 3	0.786 7	$\max(q(A),q(B))<q(A\cap B)$ $<q(A)+q(B)$	双因子增强	1
$P_2 \cap L_1$	0.723 3	0.945 6	$\max(q(A),q(B))<q(A\cap B)$ $<q(A)+q(B)$	双因子增强	2
$P_1 \cap P_2$	0.712 3	0.956 9	$\max(q(A),q(B))<q(A\cap B)$ $<q(A)+q(B)$	双因子增强	3

续表 6-5

因子组合	$q(A\cap B)$	$q(A)+q(B)$	$q(A\cap B)$的取值区间	交互作用效果	排名
$P_2\cap P_7$	0.708 5	0.834 1	$\max(q(A),q(B))<q(A\cap B)$ $<q(A)+q(B)$	双因子增强	4
$P_2\cap L_2$	0.693 7	0.851 6	$\max(q(A),q(B))<q(A\cap B)$ $<q(A)+q(B)$	双因子增强	5
$N_2\cap P_2$	0.679 7	0.960 5	$\max(q(A),q(B))<q(A\cap B)$ $<q(A)+q(B)$	双因子增强	6
$P_2\cap P_3$	0.679 4	0.950 3	$\max(q(A),q(B))<q(A\cap B)$ $<q(A)+q(B)$	双因子增强	7
$N_4\cap P_2$	0.669 3	0.711 5	$\max(q(A),q(B))<q(A\cap B)$ $<q(A)+q(B)$	双因子增强	8
$P_2\cap P_4$	0.662 0	0.838 7	$\max(q(A),q(B))<q(A\cap B)$ $<q(A)+q(B)$	双因子增强	9
$P_3\cap P_8$	0.655 5	0.748 9	$\max(q(A),q(B))<q(A\cap B)$ $<q(A)+q(B)$	双因子增强	10

结合个体效应与交互效应可以发现，人口密度是影响工作日地铁客流量空间分布的核心因素，在个体效应前10的组合中有9对组合均包含人口密度因子。其中，人口密度(P_2)与公共开放空间面积(P_8)的交互效果($q=0.724\ 3$)表明地铁TOD站域的人口密度大，以及站域范围内拥有更多公共开放空间的地区，往往可以在工作日吸引更多的工作通勤人群。

此外，作者也注意到，个体效应中最高的两个因子的组合（经济区位与人口密度），其组合的交互效应并非最高[$q(N_2\cap P_2)=0.679\ 7$，排名第6]；而个体效应排名第1与第11的组合（人口密度与公共开放空间面积），产生了更高的交互效应[$q(P_2\cap P_8)=0.724\ 3$]。这说明双因子之间的交互关系是复杂的，交互组合并非直接产生两者个体效应之和[$q(P_2)+q(P_8)=0.960\ 5$]，这是因为因子组合的相互增强机制不尽相同。因此，政策制定者可以根据两种效应的结果，为提高工作日地铁通勤客流量制定合理的措施。

6.5.2 对周末客流量的交互效应

建成环境因子对地铁周末客流量的交互影响效果如图6-5所示。通过双因子的交互效应，作者发现$q(A\cap B)$值均高于其原始的个体效应[$\max(q(A),q(B))$]，并通过p值小于0.01的显著性检验。其中，人口密度(P_2)与公交巴士线路数量(L_1)的因子交互效果对周末地铁客流量的影响力是最强的，交互式q值达到0.766 2，其次是到城市中心的距离(N_1)与公共开放空间面积(P_8)的交互效应($q=0.756\ 8$)，人口密度(P_2)与公共开放空间面积(P_8)的交互效应($q=0.748\ 7$)。从交互效应前20的组合来看，其影响力均在0.60以上，说明通过以上的交互组合,可以解释 60% 以上的周末地铁客流量。从交互效应的结果看,而且前 10 名的交互组合都是非线性增强效应为主(表 6-6),说明通过同时改善一组建成环境因子,对周末客流量的提高作用大于改善任何一个因子的个体效应之和。该结果对政策制定者如何改善地铁客流量非常有帮助。

从个体效应和交互效应来看,人口密度、公共开放空间面积、经济区位、公交巴士线路数量和到城市中心的距离是影响周末地铁客流量空间分布的主要因素。其中,人口密度(P_2)与公交巴士线路数量(L_1)的交互效果($q=0.766\ 2$)表明地铁 TOD 站域的人口密度大,以及站域范围内可提供较多的公交巴士换乘,往往可以在周末吸引更多的休闲旅行人群。

此外,作者也注意到,相比工作日客流量,因子交互效应的增效效果在周末的地铁客流量具有更高的程度。另外,因子交互效应的增效效果并非在两个个体效应最强的因子组合中产生,这与工作日客流量的交互结果有相同特征。个体效应最高的两个因子的组合(经济区位与公共开放空间),其交互效应并非最高[$q(N_2 \cap P_8)=0.731\ 4$,排名第 5];而个体效应排名第 4 与第 6 的组合(人口密度与公交巴士线路数量),产生了更高的交互效应[$q(P_2 \cap L_1)=0.766\ 2$]。这说明因子之间存在作用力不同的交互关系,从而产生了不同的增效效果。以上对政策制定者来说非常重要,从业者可以依据不同的效应结果和增效效果,做出相应的城市规划响应。

$q(A \cap B)$	N_1	N_2	N_3	N_4	P_1	P_2	P_3	P_4	P_5	P_6	P_7	P_8	L_1	L_2
N_1														
N_2	0.600 9													
N_3	0.345 6	0.418 0												
N_4	0.627 1	0.707 1	0.319 4											
P_1	0.511 1	0.434 4	0.288 1	0.354 5										
P_2	0.691 9	0.747 5	0.394 3	0.552 2	0.505 3									
P_3	0.542 7	0.548 3	0.416 7	0.594 7	0.361 6	0.638 1								
P_4	0.570 9	0.465 1	0.267 5	0.462 1	0.314 9	0.553 9	0.389 3							
P_5	0.441 4	0.528 3	0.364 3	0.351 5	0.348 0	0.462 5	0.388 3	0.292 5						
P_6	0.461 1	0.541 6	0.231 0	0.243 2	0.248 4	0.455 8	0.389 2	0.241 8	0.257 3					
P_7	0.430 8	0.428 3	0.272 2	0.372 7	0.269 9	0.509 4	0.388 4	0.303 8	0.354 2	0.226 4				
P_8	0.756 8	0.731 4	0.431 5	0.606 6	0.582 6	0.748 7	0.670 6	0.543 5	0.618 9	0.440 8	0.482 2			
L_1	0.681 2	0.673 5	0.459 2	0.649 1	0.467 6	0.766 2	0.579 5	0.407 3	0.510 5	0.353 5	0.411 4	0.698 0		
L_2	0.572 3	0.622 6	0.358 1	0.510 6	0.355 2	0.591 6	0.524 6	0.493 9	0.463 9	0.335 0	0.326 8	0.674 2	0.662 0	

图 6-5 建成环境因子对周末地铁客流量的交互影响作用

表 6-6 建成环境因子的交互影响效应(周末总客流量)

因子组合	$q(A \cap B)$	$q(A)+q(B)$	$q(A \cap B)$ 的取值区间	交互作用效果	排名
$P_2 \cap L_1$	0.766 2	0.617 1	$q(A \cap B)>q(A)+q(B)$	非线性增强	1
$N_1 \cap P_8$	0.756 8	0.651 1	$q(A \cap B)>q(A)+q(B)$	非线性增强	2
$P_2 \cap P_8$	0.748 7	0.632 9	$q(A \cap B)>q(A)+q(B)$	非线性增强	3
$N_2 \cap P_2$	0.747 5	0.634 5	$q(A \cap B)>q(A)+q(B)$	非线性增强	4
$N_2 \cap P_8$	0.731 4	0.705 2	$q(A \cap B)>q(A)+q(B)$	非线性增强	5
$N_4 \cap N_2$	0.707 1	0.549 7	$q(A \cap B)>q(A)+q(B)$	非线性增强	6
$L_1 \cap P_8$	0.698 0	0.687 8	$q(A \cap B)>q(A)+q(B)$	非线性增强	7

续表 6-6

因子组合	$q(A\cap B)$	$q(A)+q(B)$	$q(A\cap B)$的取值区间	交互作用效果	排名
$N_1\cap P_2$	0.691 9	0.580 4	$q(A\cap B)>q(A)+q(B)$	非线性增强	8
$N_1\cap L_1$	0.681 1	0.635 3	$q(A\cap B)>q(A)+q(B)$	非线性增强	9
$P_8\cap L_2$	0.674 2	0.616 9	$q(A\cap B)>q(A)+q(B)$	非线性增强	10

6.6 地铁客流量影响程度的局部空间分异特征分析

6.6.1 工作日地铁客流量影响程度的局部空间分异特征

局部空间自相关结果可以直观呈现空间变量的集聚区域的具体空间位置和范围,并解释局部区域的空间分异特征。作者分别以 GeoDetector 模型的单因子效应最强的 3 个因子为自变量,地铁客流量为因变量,使用 Geoda 软件分别计算两者之间的双变量局部 Moran's I 值及其显著性,探究二者的空间关联特征,以揭示地铁客流量影响程度的局部空间分异特征。

在通过 z 检验的基础上($p\leqslant 0.05$),作者绘制了在因子探测器结果中,影响力 q 值排名前三的[人口密度(P_2)、经济区位(N_2)和容积率(P_1)]建成环境因子,分别与工作日地铁客流量(Y_1)的双变量局部空间自相关集聚图(图 6-6)。结果显示,高—高集聚区主要位于天河区、越秀区和海珠区等城市中心城区与中间市区,低—低集聚区集中在花都区、从化区、增城区和南沙区等城郊地带,高—低与低—高集聚区分布较少,零星分布在天河区、越秀区、番禺区和花都区等少数中间市区与城乡结合部地区,不显著区主要位于城市中间市区与城乡结合部地区,即高—高集聚区与低—低集聚区之间的圈层区域。从结果看,在高—高与低—低集聚区,以上建成环境因子对地铁客流量具有较强的促进作用,而在高—低与低—高集聚区,则具有较强的抑制作用,在不显著区则是促进作用与抑制作用随机分布的状态。

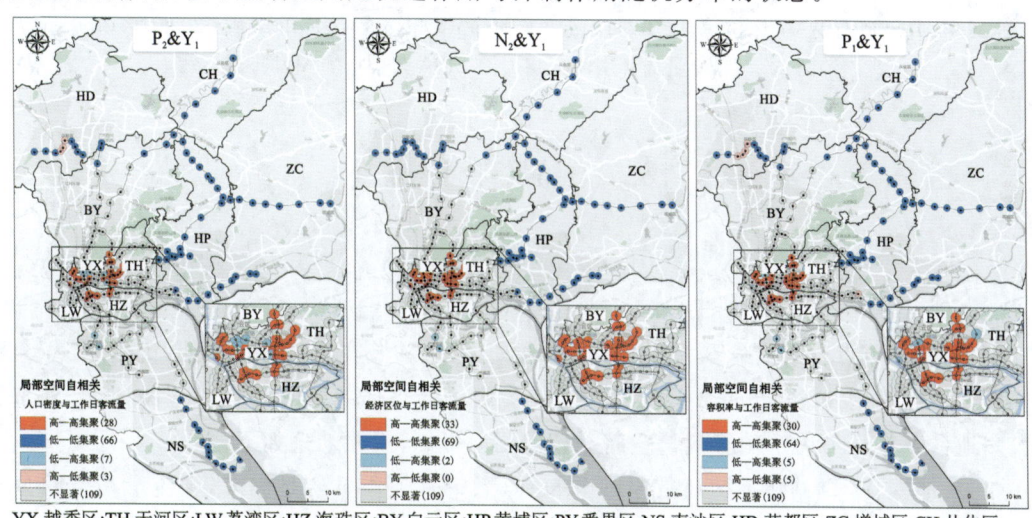

YX.越秀区;TH.天河区;LW.荔湾区;HZ.海珠区;BY.白云区;HP.黄埔区;PY.番禺区;NS.南沙区;HD.花都区;ZC.增城区;CH.从化区。

图 6-6 双变量局部空间自相关的 LISA 聚类分布图(工作日)

6.6.2 周末地铁客流量影响程度的局部空间分异特征

对比工作日与周末的情况,局部空间自相关结果具有相似的空间异质性特征,对总结局部区域的空间分异特征很有帮助。在通过 z 检验的基础上($p \leq 0.05$),作者绘制了在因子探测器结果中,影响力 q 值排名前三的经济区位(N_2)、公共开放空间面积(P_8)和商业密度(P_3)等因子,分别与周末地铁客流量(Y_2)的双变量局部空间自相关集聚图(图6-7)。其中,高—高集聚区主要位于天河区和越秀区等中心城区,低—低集聚区集中在花都区、从化区、增城区和南沙区等城乡结合部地区,高—低和低—高集聚区分布较少,低—高集聚零星分布于越秀区、天河区和番禺区等中间市区,高—低集聚则主要分布于黄埔区、花都区和南沙区等城乡结合部地区。从结果看,在高—高与低—低集聚区,以上建成环境因子对地铁客流量具有较强的促进作用,而在零星分布高—低与低—高集聚区,则具有较强的抑制作用,在不显著区则是促进作用与抑制作用随机分布的状态。对比工作日客流量的促进/抑制作用,在周末,强促进作用的集聚区域更加集中分布。

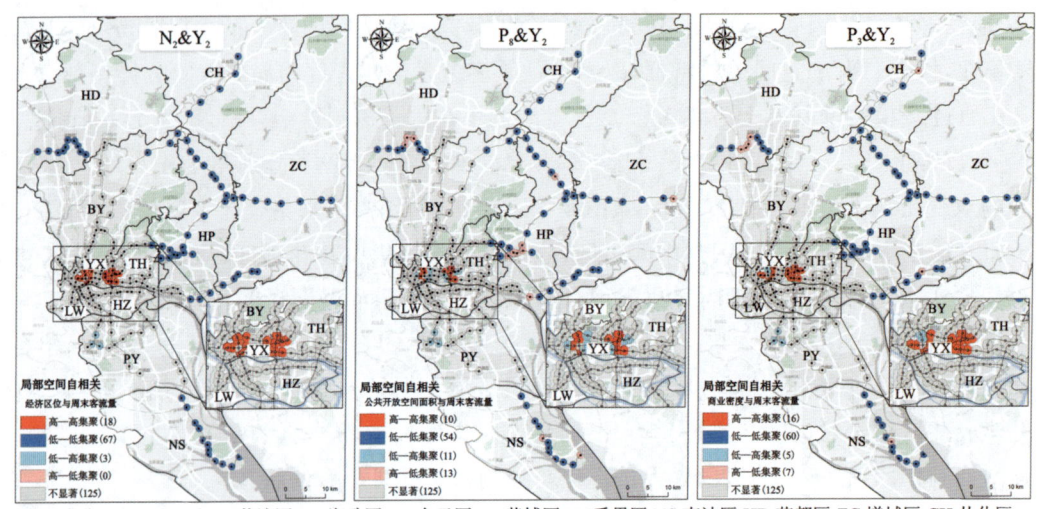

YX.越秀区;TH.天河区;LW.荔湾区;HZ.海珠区;BY.白云区;HP.黄埔区;PY.番禺区;NS.南沙区;HD.花都区;ZC.增城区;CH.从化区。

图6-7 双变量局部空间自相关的 LISA 聚类分布图(周末)

6.7 结论和讨论

6.7.1 主要结论

本书基于"节点—场所—联系"模型构建地铁 TOD 站域客流量分析框架,确定了14个建成环境因子。使用 GeoDetector 模型从建成环境因子的个体效应和交互效应的角度,分析了对广州地铁工作日与周末的客流量空间分布的驱动机制,主要结论如下:

(1)从地铁 TOD 站域客流量的空间分布看,无论是工作日还是周末,客流量在空间分布上呈现"核心—边缘"的结构特征,并表现出空间自相关性。对于广州这个单中心空间结构的城市来说，地铁的 TOD 建设带动了城市人口由中心化向空间均衡化分布，作者从工作日的客流量空间分布中验证了这一观点。因此，如何通过地铁 TOD 建设，引导城市向多中心结构发展，以避免城市要素过分集中带来的弊端，是城市规划的一个重要研究课题。

(2) GeoDetector 模型因子探测器模块的结果表明，各因子的个体效应在工作日和周末最高可分别解释约 49% 和 35% 的客流量分布。个体效应在两种情况下表现出不同的影响力特征。地铁工作日客流量的主要驱动因子分别是人口密度、经济区位、容积率、商业密度和公交巴士线路数量，而周末客流量的主要驱动因子分别是经济区位、公共开放空间面积、商业密度、公交巴士线路数量和到城市中心的距离。

(3) GeoDetector 模型交互作用探测器模块的结果表明，双因子交互效应具有更强的地铁客流量影响力。交互效应在工作日和周末最高可分别解释约 72% 和 77% 的客流量分布。对于工作日客流量，当人口密度与公共开放空间面积或人口密度与公交巴士线路数量相互作用时，其交互效应显著，增效效果为双因子增强。而对于周末的情况，当人口密度与公交巴士线路数量或到城市中心距离与公共开放空间面积相互作用时，其交互效果显著，增效效果则为非线性增强。双因子组合的增效效果对周末客流量的影响力更加显著。

(4) 作者使用双变量局部空间自相关的方法，测算了建成环境因子对地铁客流量影响程度的局部空间异质性。从结果看，影响因子在中心城区形成高—高集聚，在城乡结合部地区形成低—低集聚，高—低与低—高集聚区零星分布于中间市区与城乡结合部地区。其中，在高—高与低—低集聚区，建成环境因子对地铁客流量具有较强的促进作用，而在零星分布高—低与低—高集聚区，则具有较强的抑制作用。从空间相互作用的异质性来看，结果为如何提高中间市区与城乡结合部地区的地铁乘车量，或如何在中心城区的地铁客流量避免过度紧张以减少地铁客流损失等情况，从而建立起差异性的政策，这为城市的 TOD 政策提供了一个很好的思路。

6.7.2 讨论

本书结论对城市 TOD 开发政策与空间规划有指导意义。首先，为了引导城市向多中心结构发展，使用 TOD 发展理念对 TOD 站域在城市外围区进行紧凑开发，是其重要途径之一。基于 GeoDetector 模型，本书得到的因子交互效应对提高地铁客流量具有更高的解释性，这样的结论可被运用到城市更新与新区开发当中。例如在提高城市新区的人口密度同时，改善 TOD 站域范围内的公交线路配置；或者在提高人口密度的同时，在 TOD 站域内建设更多的公共开放空间。这些也许对促进城市多中心结构发展非常有效。其次，在地铁建成区域改善地铁客流量，促进人们使用轨道交通出行，提高城市公共交通出行率，对城市管理者来说非常重要。因此可以结合 GeoDetector 模型结果，挖掘不同影响因子改善潜力较大的地铁 TOD 站域，制定相应的城市更新政策。从变量间在局部空间的相关性结果看，属于空间促进作用的地铁站域，对改善地铁车站客流量具有重要意义。对于抑制作用的地铁站域，应避免地铁客流量的损失。最后，对于未来要建设的地铁线路，规划部门还需要分析什么样的建成环境特征更适合布置地铁线路，以尽可能提高地铁的使用效率。在个体效应上，GeoDetector 模型因子探测器模块的结果表明，地铁站域空间的密度与区位等建成环境因子是影响工作日地铁

TOD 客流量的关键影响因子,而区位、设计与密度则是影响周末客流量的关键因素,反映出人们在工作日与周末的出行需求差异。这一结果与以前的研究结果大致相同。除此之外,作者也赞同改善地铁与公交换乘的便捷性,可以较大地改善地铁客流量这一观点。但研究结果也表现出以下差异性。首先,地铁 TOD 站点是否为换乘站点在本书中因子影响力较弱,并非地铁客流量的关键影响因子。其次,道路交叉口密度通常被认为是地铁客流量的关键影响因子,本书的研究中其在工作日或周末均未表现出较强的影响力。最后,土地使用多样性与建筑使用多样性应该是有利于促进人们使用地铁出行,但是在本书的研究中两者的因子影响力相对较弱,这也许与我国城市在土地使用上普遍混合利用有关。

本章的贡献可归纳如下。首先,在本章中,以"节点—场所—联系"模型构建因子分析框架,从 TOD 的 5D 原则与站点特征选取了 14 个地铁 TOD 站域建成环境因子,对工作日与周末客流量空间分布的影响进行分析。从 TOD 的结构体系出发,从各建成环境因子与 TOD 结构因子的视角解释了影响作用机制。其次,作者使用 GeoDetector 模型的交互式探测器模块分析了建成环境因子的单因子效应与因子交互效应,探究了因子组合对地铁客流量的影响机制。结果表明,双因子交互效应具有更强的地铁客流量影响力,这对揭示地铁客流量的影响机制具有进一步的解释作用。而目前较少有文章研究影响因子的交互效应对地铁客流量所产生的影响。最后,作者使用双变量局部空间自相关分析,探究了单因子效应对地铁客流量的影响程度的空间分异,结果表明单因子效应对地铁客流量的影响程度在局部空间上具有分异性,在局部空间表现出相互促进作用与抑制作用,这对 TOD 发展的政策建议很有帮助。

尽管本章内容存在一定优势,但是也存在不足,希望未来的研究得到解决。时空变化与人口属性是影响人们是否使用公共交通出行的重要因素,作者使用轨道刷卡数据分析其驱动机制。然而,日刷卡数据无法直接时空人流量的空间变化,也无法反映人口属性等相关信息,未来可以进一步应用时空出行挖掘方法进行研究和验证,并结合使用社交媒体定位数据和手机信令数据等数据。此外,对于建成环境因子对地铁站点客流量影响的空间异质性的测度,未来还可以进一步给予量化分析,可以利用局部空间回归模型如 GWR 和 GTWR 等,以进一步量化地铁车站客流量的影响机制强度,以及影响机制的空间异质性与时空异质性测度。

第 7 章 地铁 TOD 站域的空间溢出效应

7.1 问题的提出

近十几年来,我国城市轨道交通总里程基本保持 15% 以上的年均增幅,截至 2020 年,中国各城市建设的地铁总里程约 5000km。上海、北京、广州等都市区已形成规模较大的城市轨道交通网,承担了 50% 以上的城市公共交通,地铁站点周边 800m 范围内人口覆盖比例已超过城市总人口的 1/4。轨道交通的快速发展除了带来满足出行需求、缓解交通拥堵的直接效应以外,还表现在对轨道沿线和站点周边的土地开发和区域发展的间接效应上。在新城市主义下,站城市一体化的 TOD 发展理念得到越来越多城市的接受和推广运用。

TOD 模式的效应究竟如何?目前,大量的文献集中讨论了 TOD 开发的直接效应,如对交通区出行需求和城市交通通行效率和结构的影响,而对 TOD 间接效应的研究则相对薄弱。本章的研究问题指向 TOD 的间接效应。

城市轨道交通提供的交通服务是公共服务,具有公共品的特有属性,即存在外部性。这种外部性也被称为溢出,是指个体投资给社会带来的利益或损害。经济学强调这种利益或损害不受市场调节,属于市场失效的一种现象;而地理学则强调这种利益或损害在多大的空间范围存在及其相应的溢出强度。公共基础设施的外部性理论为地铁 TOD 溢出提供了一种理论基础。假设城市地铁 TOD 开发存在空间溢出,并表现在两个尺度上:一是站点对地铁站域(站点周边 800m 范围)地价的溢出;二是地铁站域对邻近站域的地价的溢出。为了捕捉这两种溢出效应,本书基于广州 220 个地铁站域的 21 个量化指标构建空间回归模型进行分析,从溢出角度探讨 TOD 的间接效应具有理论可行性和客观事实依据。

从研究的意义上看,研究结论对识别 TOD 溢出现象的空间特征,量化 TOD 溢出强度具有重要的学术意义;在应用层面,在公共基础设施投资多元化的背景下,厘清 TOD 溢出,可以为站城一体化开发中的多主体利益的平衡和相应的利益补偿机制的构建提供决策依据。

7.2 研究方案设计

7.2.1 变量设定

1. 被解释变量

为了探讨 TOD 对城市地价的溢出效应,将城市地价作为观察变量设定为被解释变量,包含住宅、工业、商业和办公 4 种地价,数据来源和计算方法详见本书第 2 章。本章采用 2019 年和 2010 年两个年份的住宅、工业、商业和办公的网格点基准地价数据。

2. 核心解释变量

交通基础设施对城市地价的溢出是一种客观现象,本书将这种溢出设为地价的核心解释变量。在理论上地铁 TOD 开发的空间溢出分为两个尺度。

一是站点对地铁 TOD 站域地价的溢出,又称为站域内溢出。地铁站点的修建和开通除了会改变交通系统的规模和结构外,还会改变 TOD 站域的交通区位,所以地铁 TOD 开发的影响不仅限于交通系统,而且溢出到 TOD 站域空间,从而提升地铁 TOD 站域的地价水平。考虑到不同类型地铁 TOD 的溢出作用具有差异性,为了捕捉这种溢出作用,将地铁 TOD 站域类型设为核心变量,以虚拟变量的形式引入模型。地铁 TOD 站域类型采用本书第 3 章的分类结果,这种分类结果表示各站域的 TOD 开发程度具有相对差异性,类型 Ⅰ 的站域 TOD 开发程度相对低,类型 Ⅲ 的站域 TOD 开发程度相对高。由于本书需要验证不同类型 TOD 站域对地价的溢出是否存在差异,所以这种分类方法是适合的。

二是地铁 TOD 站域对邻近站域地价的溢出,又称为站域间溢出。由于地铁 TOD 站域之间地价存在空间自相关性,为了反映这种溢出,采用空间自回归模型,而不必再单独设定变量。

3. 控制变量

TOD 站域地价的影响因素在宏观层面上受区位和政策的影响。在微观层面,将 TOD 的 5D 原则转化为 19 个量化指标,从不同维度影响 TOD 站域地价。由于地价的变化受多种因素影响,而本书的研究重点是地铁 TOD 的溢出效应,所以考虑 19 个变量为模型的控制变量(表 7-1)。

表 7-1 地铁 TOD 地价的影响因素

变量选择依据	变量名称	变量含义
区位因素	区位中心性	距离市中心的距离
TOD 规划	规划政策	是否列入广州市地铁站点综合体规划

续表 7-1

变量选择依据		变量名称	变量含义
TOD开发原则	强度和密度指标	容积率	平均容积率
		TOD综合体规模	综合体建筑面积
		人口密度	平均人口密度
		办公密度	办公企业数量
		商业密度	商业企业数量
	多样性指标	土地利用多样性	土地利用混合度
		建筑利用多样性	建筑功能混合度
	设计性指标	开敞空间规模	公共开放空间面积
		街区设计	道路交叉口数量
		步行友好性	站域步行连通性
	到交通站点距离指标	地铁线网距离	站点平均距离
		公交集散能力	公交站点的数量
		轨交站点距离	轨交站点最短距离
	目的地可达性指标	工作可达性	分别到工作地、居住小区、医院和学校的平均距离
		居住可达性	
		医院可达性	
		学校可达性	

7.2.2 模型构建

基于广州 220 个地铁站域的量化指标，考虑到商业地价、住宅地价、办公地价和工业地价的形成具有差异性，所以将针对 4 种不同类型地价分别构建空间回归模型，为了对比 TOD 开发对地价溢出作用的时间变化，拟对 2010 年和 2019 年两个时段分别进行回归分析。

(1) 将上述解释变量与地价进行逐步回归，经筛选得到的变量与地价再做一次传统线性回归，对传统回归的回归残差进行空间自相关性检验，如果存在自相关性，说明传统回归是一种伪回归，需要采用空间回归模型。空间自相关性检验系数采用 Moran's I。

$$\text{Moran's I} = \frac{\sum_{i=1}^{n}\sum_{j=1}^{n}W_{ij}(Y_i-\overline{Y})}{S^2\sum_{i=1}^{n}\sum_{j=1}^{n}W_{ij}} \tag{7-1}$$

其中

$$S^2 = \frac{1}{n}\sum_{i=1}^{n}(Y_i-\overline{Y}) \tag{7-2}$$

$$\overline{Y} = \frac{1}{n}\sum_{i=1}^{n}Y_i \tag{7-3}$$

式中:n 为地铁 TOD 站域数量;Y_i 表示第 i 个地铁 TOD 站域的地价水平;$\overline{Y}$ 是地价平均值;S 为 Y 的标差,W_{ij} 为二进制的邻近空间权重矩阵,设定 8km 以内的地铁站域为邻接站域;Moran's I 统计量服从正态分布,如果其 z 值显著,则表明各轨道站域的空间溢出指数在整体上具有显著的空间相关关系。

(2)空间回归模型有两种形式,即空间滞后模型(spatial lag model,SLM)和空间误差模型(spatial error model,SEM)。为了验证 TOD 站域对邻近的其他 TOD 站域地价的溢出效应,本书中拟采用的模型基本形式为

$$\text{SLM} \quad Y = \rho WY + X\beta + \varepsilon \tag{7-4}$$

$$\text{SEM} \quad \begin{cases} Y = X\beta + \varepsilon \\ \varepsilon = \lambda W\varepsilon + \mu \end{cases} \tag{7-5}$$

在 SLM 中,Y 是 n 个站点的因变量所构成的向量,X 是解释变量矩阵,β 是传统回归的系数向量,W 是的空间权重矩阵,因此 WY 表示的是邻近的站点因变量的加权平均值,又称为空间滞后,ρ 是相应的回归系数,反映了空间滞后量对因变量的溢出,ε 是回归残差。而在 SEM 中,包含两步回归,Y 和 X 先开展传统回归,假定其回归残差具有空间自相关性,ε 就受到了其邻近的 $W\varepsilon$ 的影响,其中 W 依然是空间权重矩阵,λ 则是 ε 与 $W\varepsilon$ 之间的回归系数,反映了空间误差对因变量的溢出,μ 是第二步回归的残差。

(3)通过拉格朗日检验确定空间回归的模型形式。若两种模型形式均可,则选择拟合度较好的模型形式。如果选择空间滞后模型,说明 TOD 站域间的溢出效应直接反映在地价上;如果选择空间误差模型,说明 TOD 站域间的溢出效应间接反映在地价的回归误差上。

7.3 地铁 TOD 站域地价的时空特征

7.3.1 地铁 TOD 站域地价的时间变化特征

(1)地价成倍增长,增长幅度大小依次为办公＞住宅＞商业＞工业。与 2010 年相比,2019 年地铁 TOD 站域的办公地价最高达 17 974.93 元/m³,整体增长了 14 倍;住宅地价最高达 38 090.11 元/m³,整体增长了 11 倍;商业地价最高值达到 42 292.96 元/m³,整体增长了 9.7 倍;工业地价最高达 3 442.48 元/m³,整体增长了 6.7 倍。

(2)地价的不平衡程度上升。对比 2010 年,2019 年所有类别的地价极差扩大,其中商业和住宅地价的极差扩大程度较大,办公和工业地价的极差扩大程度相对小。对比不同类别地价极差,大小依次为商业＞住宅＞办公＞工业(图 7-1)。

7.3.2 地铁 TOD 站域地价的空间分布特征

地价等值线图可以直观地反映了地价的空间变化及变化幅度,广州市商业、住宅、办公和工业地价的空间变化存在差异(图 7-2)。

(1)广州市地价空间差异明显,地价的最高峰值区域始终位于市中心附近的天河区、越秀

第 7 章 地铁 TOD 站域的空间溢出效应

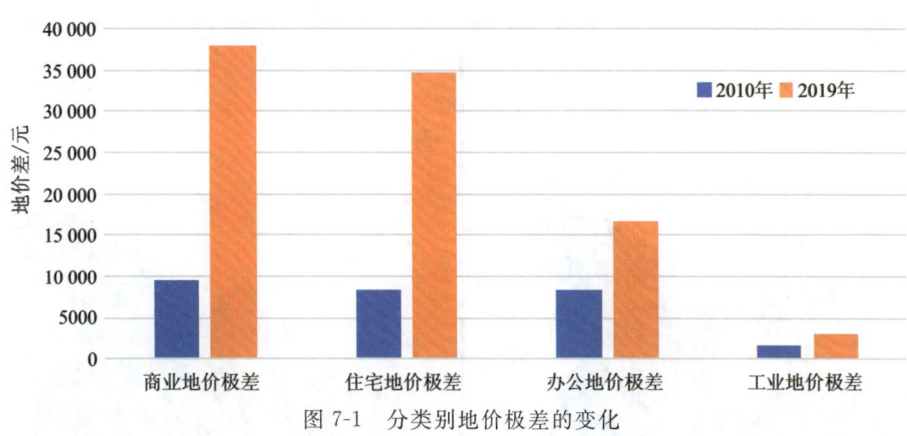

图 7-1 分类别地价极差的变化

区、海珠区、荔湾区 4 区，以上区域地铁站点密集，是城市地价的绝对高值区，整个城市的地价空间是单核心结构，中心地价高，外围地价低。

(2) 地铁站线对地价的影响程度基本符合商业＞住宅＞办公＞工业的顺序。商业用地和住宅用地受地铁站的影响较大，在地铁交通的影响下，2019 年较 2010 年地价增加将近 4～6 倍。但是除了中心 4 区外，其他区的办公用地地价和工业用地地价在地铁站附近相反出现低值。

(3) 城市外围低地价区存在明显分异，总体上地铁沿线的地价相对较高，说明地铁对地价分布格局具有引导性。地铁站线周边地价等值线较密，而离地铁站线越远，地价等值线越疏缓，表明地价随与地铁站点的距离的增加敏感度降低，地铁站点对地价影响客观存在。

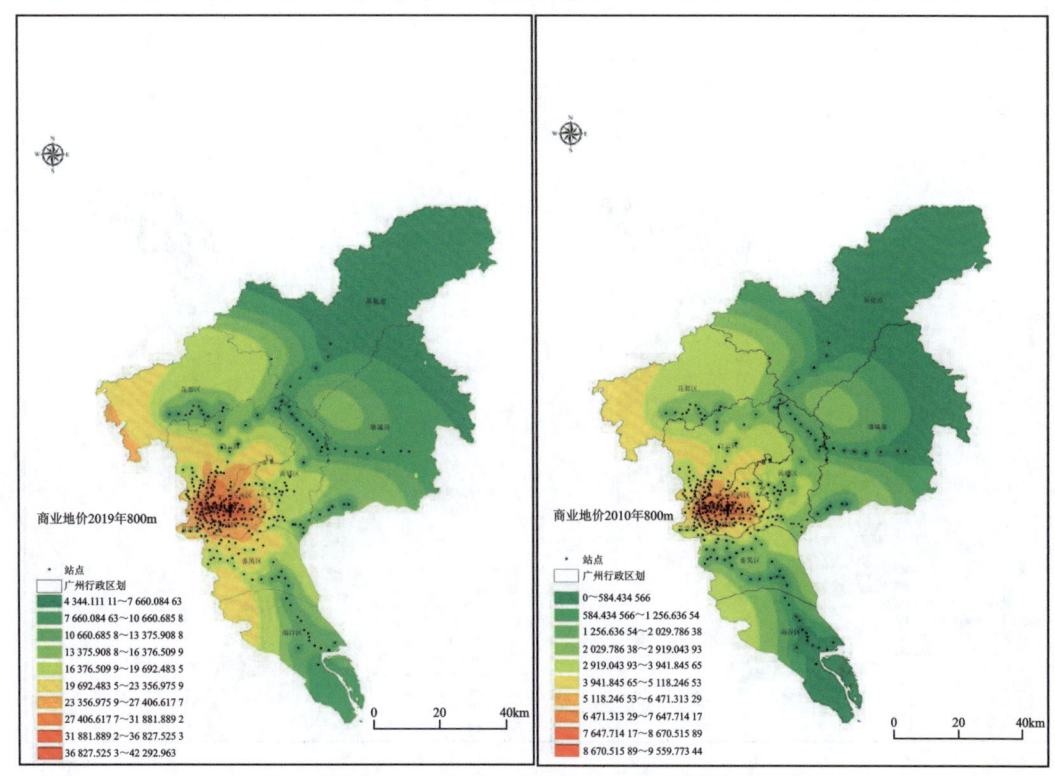

图 7-2 广州市不同用地类型地价等值线图

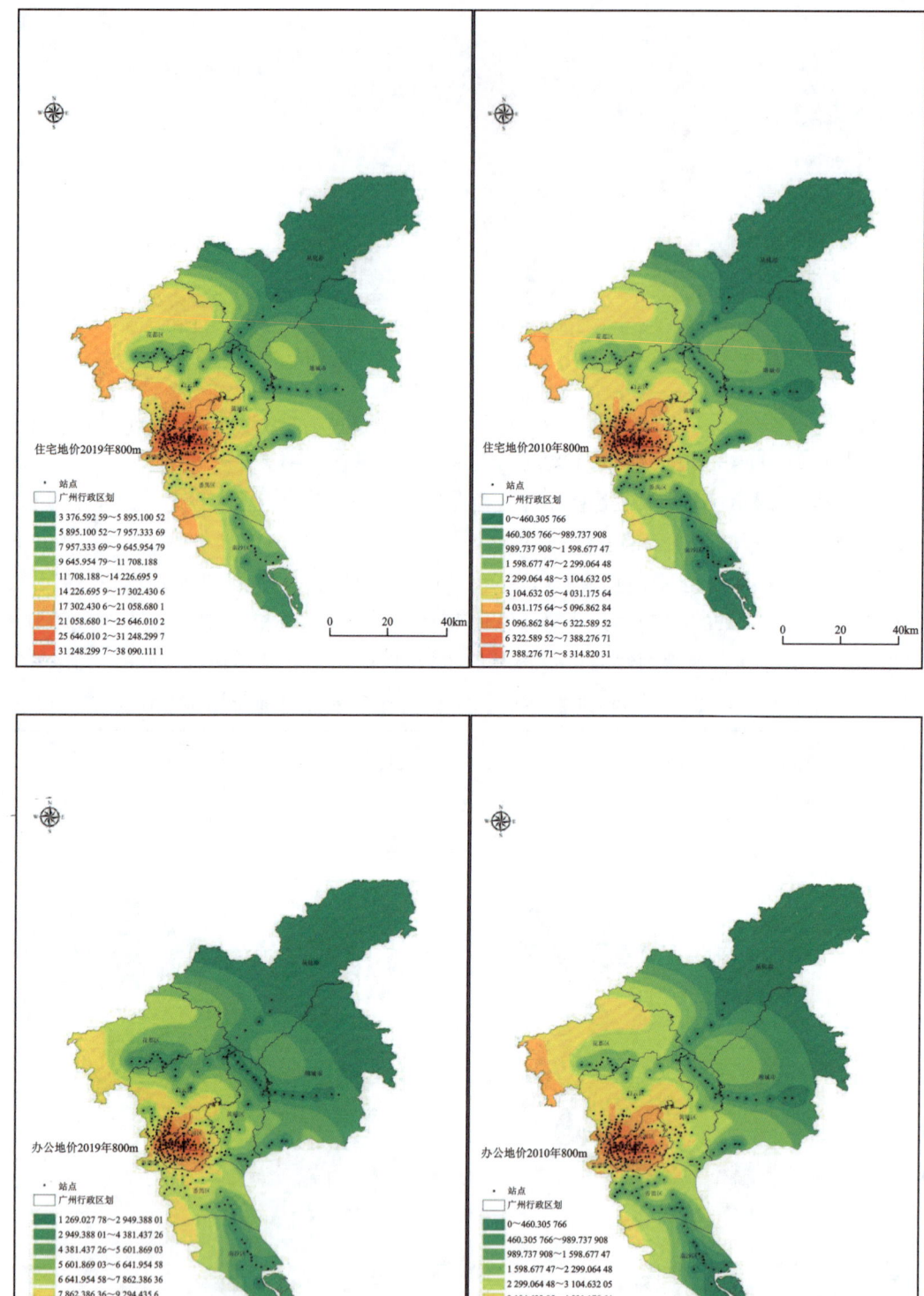

续图 7-2

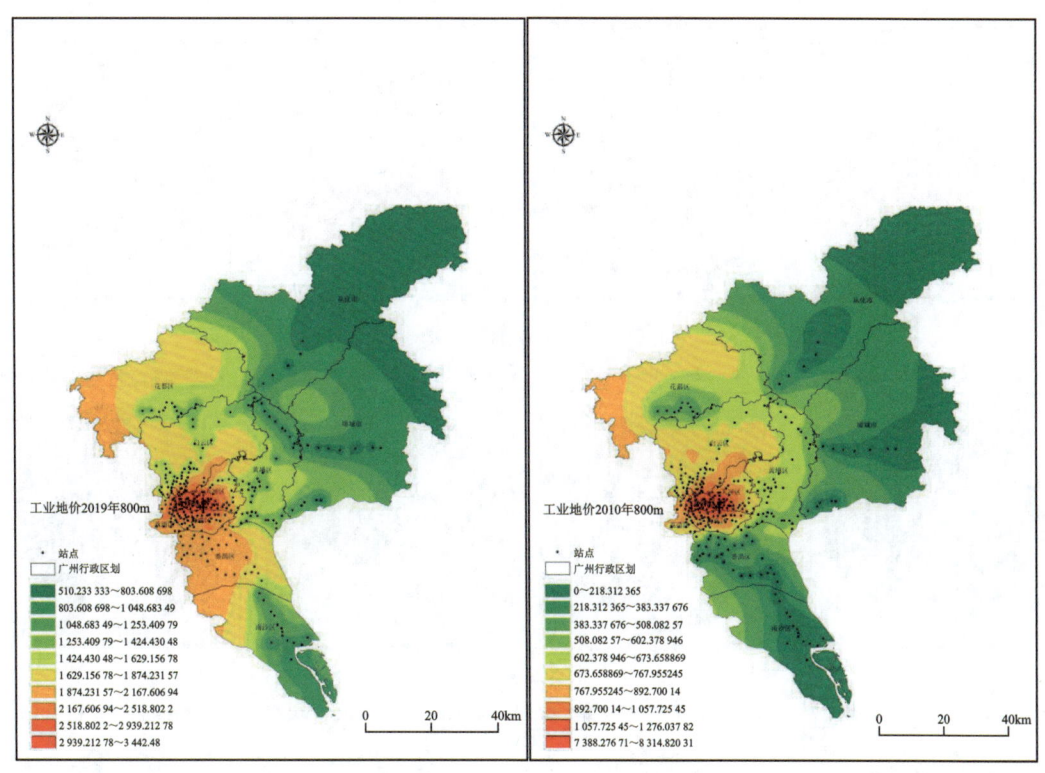

续图 7-2

7.4 地铁 TOD 站域内的地价分异

地铁 TOD 站域的地价在宏观尺度上呈现出一定的距离衰减规律。为了探讨单个 TOD 站域在微观尺度上的地价分异,从广州市 3 种类型的地铁 TOD 站域中选择了 4 个代表性站域,分别从站点向外围间隔 200m 对 TOD 站域进行空间细分,并合成计算不同圈层的平均地价。其中代表性地铁站域的选择依据是分类别的距平分析,即分别计算广州市 3 种类型站域的 TOD 功能指数平均值,以距离平均值最近的那个站域作为该类型站域的典型代表。由于类型Ⅰ的站域较多(178 个),所以在类型Ⅰ的站域中选择了距离平均值最近和次近的两个站域为代表。在所选的 4 个站域中,嘉禾望岗站、广州南站属于 TOD 站域类型Ⅰ,市桥站属于 TOD 站域类型Ⅱ,公园前站属于 TOD 站域类型Ⅲ。从区位看,公园前站处于城市 CBD,广州南站是城市对外交通枢纽,而嘉禾望岗站和市桥站分别处于城市的近郊和远郊。从职能看,公园前站是城市型 TOD,广州南站是交通型 TOD,服务于整个城市;嘉禾望岗站和市桥站属于社区型 TOD,为城市局部区域提供综合服务。综合以上考虑,我们认为这 4 个站域具有典型的代表意义(图 7-3)。通过对比分析,广州市地铁 TOD 站域内部的地价分异具有以下特征。

(1)不同站点不同类型用地的地价大体上都满足圈层结构,内圈层的地价普遍高于外圈层地价,且满足距离衰减率。这说明在 TOD 站域范围内,地铁站点对地价具有正溢出作用。

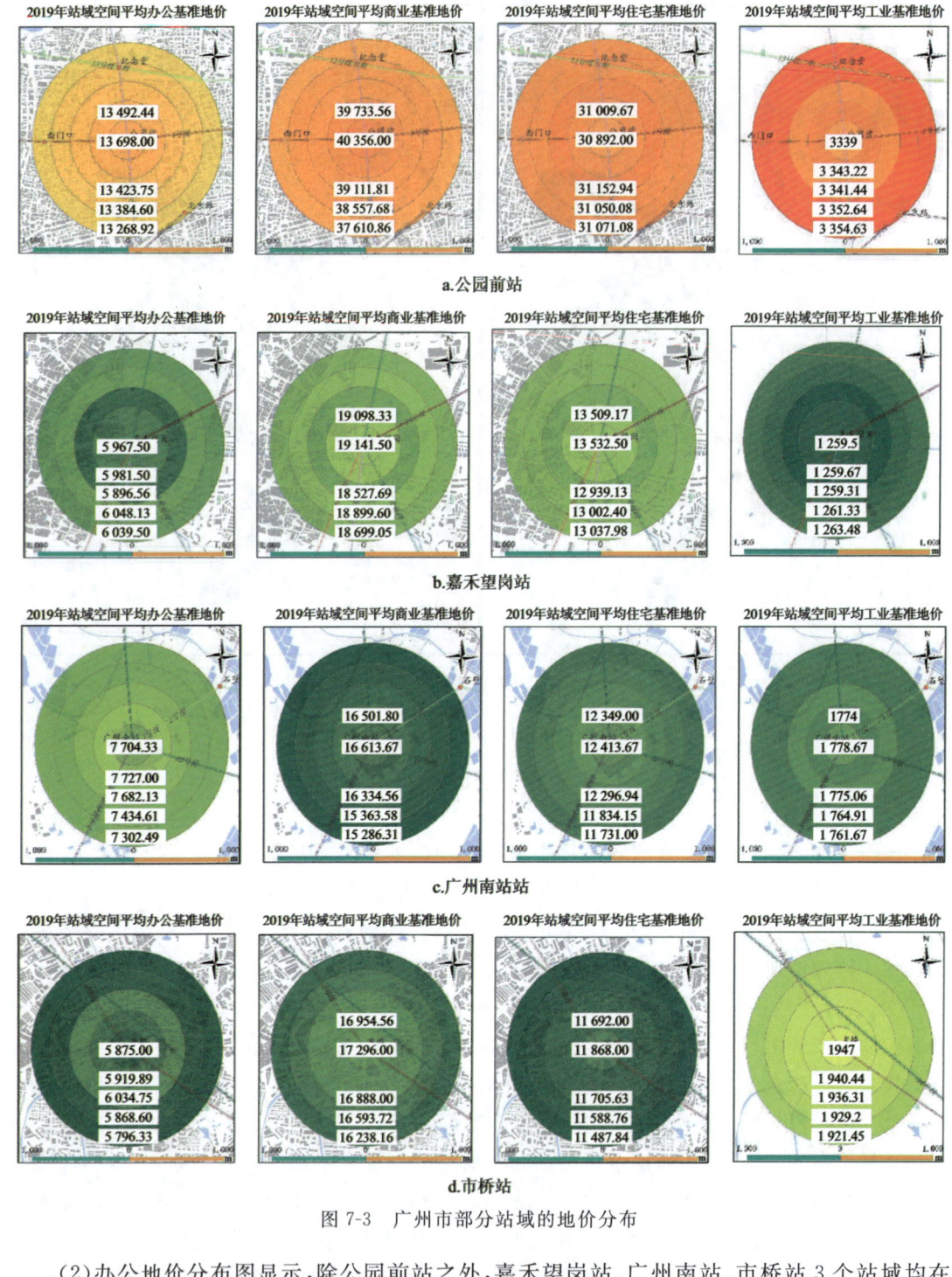

图 7-3 广州市部分站域的地价分布

(2)办公地价分布图显示,除公园前站之外,嘉禾望岗站、广州南站、市桥站3个站域均在站点中心出现低值,而在站点外围一定范围才出现地价高值;鉴于公园前站位于城市中心而其他3站均位于非城市中心区位,推断商务办公功能对城市中心具有区位黏性,非中心城区站域的办公吸引力不足,难以形成较高的办公地价。

(3)住宅地价分布模式与办公用地地价分布则正好相反,除公园前站外,其他3个站域的站点中心出现高值。相比办公而言,住宅功能对地铁站域的依赖性更大,从而推高了城市中心区外的地铁站域的住宅地价。

(4)商业地价分布模式,除嘉禾望岗站外,其他3个站域的地价均是以站点中心为最高值,随着与站点的距离增加,地价逐渐降低,商业地域的圈层结构特点突出。而嘉禾望岗站域的地价在内圈出现低值,外圈出现高值,说明该站点的商业地价受到邻近商业区的空间竞争。

(5)工业地价的分布模式在4个站域呈现一致的圈层结构,距离地铁站越近地价越高,但是变化幅度在所有地价变化中是最小的。位于市中心TOD站域的工业地价比城市郊区的工业地价高出2~3倍。

综上所述,从全市和地铁TOD站域两个尺度看地价的空间分异,说明地铁TOD站域地价都呈现圈层结构,并表现出一定的距离衰减规律。在微观尺度下,不同类型地价的空间分异特征具有差异性。住宅地价对地铁站点具有更高的依附性;商业地价在局部地域因竞争出现逆圈层结构;其他非住宅类地价更多受制于宏观区位的影响。

7.5 地铁TOD站域空间溢出效应的检验

7.5.1 地价的空间自相关性检验

通过空间自相关性检验,广州市地铁TOD站域的4种类型地价在2010年和2019年都呈现出极强的空间自相关性,主要原因是以800m为半径形成的TOD站域相互间的重叠度高,特别是在广州市老城区,地铁站点间距短,线路密集,地铁TOD站域的相互重叠度最高。

7.5.2 传统回归残差的自相关性检验

为了清楚表达模型的空间回归结果,下文中的模型一、二表示2019年和2010年商业地价的回归结果,模型三、模型四表示2019年和2010年住宅地价的回归结果,模型五、模型六表示2019年和2010年办公地价的回归结果,模型七、模型八表示2019年和2010年工业地价的回归结果。为了排除变量之间的多重共线性,对预设变量进行了逐步回归,筛选后得到的变量再进入模型。首先进行传统回归,经过对回归残差的自相关性检验,表明8个模型的残差都存在空间自相关性(表7-2),因此再开展空间回归。

表7-2 TOD站域不同用地类型地价及回归残差的空间自相关系数

模型	地价类型	地价的莫兰指数	传统回归残差的莫兰指数
模型一	商业,2019_800m	0.934 316	0.325 099
模型二	商业,2010_800m	0.931 545	0.303 74
模型三	住宅,2010_800m	0.940 449	0.381 868
模型四	住宅,2019_800m	0.918 650	0.261 42

续表 7-2

模型	地价类型	地价的莫兰指数	传统回归残差的莫兰指数
模型五	办公,2019_800m	0.930 842	0.374 235
模型六	办公,2010_800m	0.940 449	0.436 21
模型七	工业,2019_800m	0.916 062	0.280 653
模型八	工业,2010_800m	0.932 293	0.511 747

7.5.3 空间回归模型的结果分析

运用上述构建的空间回归模型,根据拉格朗日检验(LM)结果和拟合度,商业和住宅采用空间滞后模型,办公和工业采用空间误差模型,回归结果见表 7-3。

表 7-3 空间回归模型的回归结果

变量名称	模型一(商业地价, 2019年)	模型二(商业地价, 2010年)	模型三(住宅地价, 2019年)	模型四(住宅地价, 2010年)	模型五(办公地价, 2019年)	模型六(办公地价, 2010年)	模型七(工业地价, 2019年)	模型八(工业地价, 2010年)
模型形式	空间滞后	空间滞后	空间滞后	空间滞后	空间误差	空间误差	空间误差	空间误差
空间回归系数	0.59***	0.68***	0.58***	0.78***	0.92***	0.95***	0.81***	0.93***
容积率	10 619.9***	2 466.47***	11 424.7***	2 229.84***	1 419.25***	335.91***	150.59***	81.13***
地铁线网距离				183.777*				
区位中心性			−20.14*		−269.89***	−185.83***	−37.93***	−31.45***
道路交叉口数量	8 251.76***	2 560.35***	9 749.79***	2 126.66***		32.64***	7.30*	
开放空间规模	7 231.67***	2 240.57***	6 653.63***	1 767.57***	4 685.09***	2 172.28***	1 442.08***	545.11***
人口密度		1 305.75***		731.537*		0.01***		
办公密度		1 050.34**						
建筑功能多样性			2 717.92**	189.83*				

续表 7-3

变量名称	模型一 (商业地价， 2019年)	模型二 (商业地价， 2010年)	模型三 (住宅地价， 2019年)	模型四 (住宅地价， 2010年)	模型五 (办公地价， 2019年)	模型六 (办公地价， 2010年)	模型七 (工业地价， 2019年)	模型八 (工业地价， 2010年)
公交集散能力	−3 439.78**	−1 214.34**	−2 900.81*	−788.30*				
步行连通性			−2 045.67*	−640.065*				
TOD综合体规模	4 731.12***	1 203.66***						0.000 2*
TOD站域类型Ⅲ	3 286.56**	1 273.56**		866.25**			845.68***	326.52***
TOD站域类型Ⅱ	1 690.21**	709.84***	1 732.93**	570.84***			537.65***	228.65***
R^2-squared	0.941	0.931	0.921	0.932	0.935	0.937	0.895	0.912
Loglikelihood	−2 056.77	−1 802.11	−2 054.39	−1 769.56	−1 883.37	−1 770.02	−1 556.85	−1 412.15

注：*、* *、* * * 分别表示在10%、5%、1%置信水平下显著。

1. 商业地价回归结果分析

从模型一和模型二可以看出，2019年和2010年的空间滞后项的系数分别为0.59和0.68，均通过了1%置信水平的显著性检验，说明两个年份TOD站域的商业地价存在站域间正溢出，但在时间维度上站域之间的溢出效应减小。而反映站域内地价溢出的TOD站域类型的回归系数为正，且通过了5%的显著性检验，说明2019年和2010年商业地价都存在站域内的空间正溢出。在2019年，TOD功能指数每增加一个标准差，Ⅲ型站域商业地价可提升3 286.56元、Ⅱ型站域商业地价可提升1 690.21元。因为Ⅲ型站域更接近TOD理论模式，其回归系数较Ⅱ型站域的回归系数大，说明TOD功能越完善对地价的提升作用也越大。两种站型在2010年的站域内溢出强度较2019年的小，说明在时间维度上站域内的溢出效应在强化。

从2019年通过检验的商业地价的其他影响因素看，容积率、道路交叉口数量、开放空间规模、TOD综合体规模等会促进商业地价增长。说明符合商业活动所需的高密度、小街区、优质环境和一站式购物需要的TOD开发有利于提升商业地价。而公交集散能力的回归系数为负值，说明在站域内设置数量过多的公交站点会对商业地价带来负的影响，反映了交通和商业功能具有一定的空间冲突性。

2010年通过检验的影响因素有10个,其中8个影响因子与2019年相同,但影响强度除了空间滞后项以外,普遍低于2019年的影响强度。此外与2019年不同的是,在2010年商业地价还受到站域人口密度和办公密度的影响。这两个因素的影响在前后两个时点的变化说明商业地价的增长从对商业需求数量的依赖转向对商业需求质量的依赖,因为无论是人口还是办公密度指标都指向商业消费端,其数值越大说明商业需求市场越大,而由商业需求引致的对商业用地的需求也就越大,相应的商业地价也就越高。但是在2010—2019年间,商业需求已不仅仅单纯取决于市场的数量,而更多地受到市场的结构、业态以及营销等复杂因素的影响。因此,人口密度和办公密度这类影响商业需求数量的因子对商业地价的作用消失。

2. 住宅地价回归结果分析

从反映地铁TOD站域的住宅地价溢出的变量看,两个年份都呈现站域间的正溢出,2019年较2010年溢出强度下降。而站域内部溢出的情况显示2019年Ⅲ型TOD站域对住宅地价没有溢出效应,只有Ⅱ型站域对住宅地价产生溢出;2010年,两种站型都存在住宅地价溢出效应。对比先后两个年度的溢出系数可以看出,随着地铁TOD功能的增强,住宅地价的溢出强度越大(表7-3)。

住宅地价对距离因素比较敏感,且又表现出一种特殊的矛盾性。换言之,距离对住宅地价的影响可正可反。例如2019年,区位中心性的影响系数为-20.14,表明距离市中心的距离每增加1km,引起地价下降20.14元。而在2010年,住宅地价呈现反距离衰减,即距离周边交通站点越远,住宅地价越高。在TOD站域范围内步行连通性和公交集散能力的回归系数均为负值,说明步行连通性越改进,公交站点数量越多,住宅地价反而有所下降。由此说明,在城市尺度上和在TOD站域空间尺度上,距离因素对住宅地价的影响是反相关的。原因在于地铁一方面带来了出行的便利,另一方面在微观尺度的空间内,也存在对居住环境的负面干扰,步行连通性和公交数量增加都意味着增加流动空间,与居住对静空间的需求存在一定的冲突。有意思的是,通过建筑功能多样性实现空间立体化的方案对地价的上升更有积极作用。

3. 办公地价回归结果分析

办公地价的空间回归模型均为空间误差模型形式,说明办公地价的站域间溢出并不直接表征在地价,而是间接表征在地价的回归残差项上,也就是说,一个站域的传统回归的残差,与邻近站域的传统回归的残差的加权均值存在显著相关。从模型五和模型六的结果看,TOD站域类型对办公地价没有影响,说明TOD站域内不存在办公地价溢出。站域之间的溢出在时间上呈减小的变化。此外对办公地价有正向影响的因素包括容积率、开放空间规模。对办公地价有负向影响的因素是区位中心性。对比2010年和2019年各影响因子的回归系数,2019年的数值大于2010年的数值,说明各影响因子的作用呈强化态势。存在于2010年而在2019年消失的两个影响因素分别是人口密度和街区设计,说明办公地价在早期与商业地价类似,更多依赖于密度指标(表7-3)。

4. 工业地价回归结果分析

从模型七和模型八的结果看,TOD站域对工业地价的溢出不仅表现在站域之间而且也表现在站域内部。对比2010年和2019年的回归系数发现,两种溢出随时间的变化趋势相反,即站域间的溢出弱化,而站域内的溢出强化,说明TOD站域开发对工业地价的溢出在短距离范围内表现更强。此外影响工业地价的且在两个年度都通过检验的正向因子包含容积率、开放空间规模;负向因子为区位中心性。这些因子的作用随时间呈强化趋势。在两个年度间存在不一致的原因主要是2010年综合体建筑规模对工业地价有影响,在2019年这个因素的影响不显著。

7.6 总结和讨论

7.6.1 总结

(1)城市高质量发展在TOD空间尺度上的具体体现是实现与TOD站域功能相匹配的开发。本章计算了广州市220个地铁TOD站域的功能指数,并进行了类型划分,一方面为辨识城市地铁TOD空间的开发水平和质量提供了依据;另一方面为城市TOD功能分异和特征提取奠定了基础。

(2)广州市地铁TOD站域的地价时空演变特征是:在城市和地铁TOD站域两个尺度,地价呈现圈层式的空间分异,宏观上呈现出距离衰减的基本规律,微观上受多重因素影响,局部出现反圈层分异和反距离衰减。从时间变化上看,2010—2019年地价增长了6.4~14倍,地价的空间不平衡性增加。这说明地铁TOD站域的土地高效集约利用程度提高,城市空间原有的均衡格局被打破,地铁TOD建设成为城市空间结构优化的重要途径。通过广州的实证研究,我们发现地铁TOD站域在市中心区存在空间高度重叠的情况,由此提出规划TOD走廊,打破单个TOD站域规划的传统思路,将相邻的多个TOD站域开发纳入统一的规划框架和体系。优化廊道内站点的功能结构,避免无效开发或重复建设,实现TOD廊道空间的合理利用;在城市层面,确定TOD站域的规模结构、职能结构和空间结构体系,从宏观角度和中长期角度统筹广州地铁TOD的合理开发。鉴于分类型地价在不同类型地铁TOD站域中存在空间分异,对TOD站域的土地混合性开发需要根据TOD站域的功能定位确定各土地类型的合理比例。在开发时序上,选择近地铁站点的土地优先开发,形成较高地价,实现土地增值,以缩减基础设施投资的流转周期。

(3)广州市地铁TOD站域对地价的溢出效应研究表明:分类型地价在2010年、2019年两个时间截面的空间回归结果显示除了办公地价在TOD站域内不存在溢出效应外,商业地价、住宅地价和工业地价均存在TOD站域间和TOD站域内的正的溢出效应。沿时间轴线看,TOD站域之间的溢出在弱化;TOD站域内部的溢出在强化。TOD溢出效应的本质是TOD站域"规模借用"产生的外部溢出优势。它一方面为TOD廊道的延伸空间边界的确定提供依据,另一方面将溢出效应引入TOD工程项目建设的成本效益核算中,建立TOD开发的利益补偿机制,以平衡各利益相关者的诉求。采取可行的溢价回收工具(如联合开发、土地税收、特殊评估区等)将公共交通带来的土地溢价回收至公共交通投资和运营部门,用于基础设施建设或公共服务供给,提升公共交通发展的社会公平性。保障轨道交通融资与土地开发的多元主体的利益,优化政府体制和市场行为的互动,以提升 TOD 站域的建设效果,实现 TOD 开发模式创新。

(4)城市地价形成和演变具有复杂性,不同类型地价的影响因子不同,研究结果对 TOD 规划建设的政策启示包括:①旨在提高地价水平的开发,可以通过提高容积率的途径实现;②TOD 开发是一种多功能混合开发,不同功能在空间上具有一定程度的交叉和冲突,会对地价形成一定的抑制性。因此不同功能空间的融合成为关键,如交通和商业、住宅和交通等动静空间的融合;实际上在解决空间功能冲突方面已经有一些有效的工程措施,如修建绿化隔离带或减震技术的运用。此外 TOD 溢出效应的量化研究可以为 TOD 开发中利益受损者的货币补偿额提供计算依据,建立溢出的补偿机制将有助于解决 TOD 开发中的负面效应问题。

7.6.2 讨论

(1)本章的主要贡献表现在两方面,一是根据 TOD 的 5D 原则构建 TOD 站域的地价影响因素,为地价形成的影响因素的选择提供了理论依据;二是方法创新,在地铁 TOD 站域尺度,地价存在显著的空间自相关性,说明具有潜在的空间溢出。通过空间自相关回归来捕捉 TOD 站域之间的地价溢出效应,通过虚拟变量形式向空间回归模型引入站域类型以捕捉 TOD 站域内部的地价溢出效应,为实现地铁 TOD 站域这种小尺度空间的溢出分析提供了新的可计算思路。

(2)本章研究的不足主要有两点。一是在缺少地铁站点的客流数据,从而使得各站点在交通网络中的重要性估算比较粗略,但由于我们研究的是地铁 TOD 站域,而不是地铁站点本身,所以对 TOD 站域类型的划分没有实质影响;二是 TOD 是多功能混合的社区,从理论上而言,不同类型地价之间的相互影响是可能的,并且这种影响存在两种形式。形式一:某类地价直接作用于另一类地价,如商业是一种引致需求,需要依赖一定门槛的居住和办公活动的集聚。居住人群的消费水平和办公活动的租金支付能力影响着商业的品质,这种逻辑映射到地价上就是商业地价会受到住宅地价和办公地价的影响。形式二:某类地价通过影响另一类地价的某些影响因素的边际作用于另一类地价。究竟是哪种形式以及地价间的相互影响机制是一个复杂的问题,有待将来进一步研究。

第 8 章 TOD 开发的制度保障与政策体系

TOD 开发是一种多元主体参与、多种利益博弈的复杂工程。在国内外推广 TOD 开发的实践过程中,各地都在探索适宜的制度保障和政策体系,本章通过梳理中外 TOD 相关政策,借鉴先进,为广州进一步完善 TOD 的政策体系提供参考。

8.1 国内外 TOD 开发的相关政策

8.1.1 土地政策

政策要点:TOD 开发的土地获取方式根据其类型分别采取划拨、出让和招拍挂等不同形式,并在后续合作开发中对土地使用权的转让和出资比例等进行有条件的市场化转变。

从全国一些城市出台的轨道交通 TOD 综合开发政策内容看,综合开发的土地供应方式更加灵活,也更加明确化。此前一线城市深圳和上海对于综合开发的土地供应方式虽各具特色,但依然存在一定的制约。例如上海规定新建轨道交通场站综合建设用地,在完成土地储备形成"净地"后,可以协议方式,将轨道交通场站综合用地使用权出让给综合开发主体。但同时规定,综合开发主体以协议方式取得的建设用地使用权,以自主开发为主,土地使用权不得转让,不得以改变土地使用权人的出资比例、股权结构等方式,变更土地使用权。这就会对后续协议拿地的合作开发带来较大的制约,影响到土地价值的最大化(表 8-1)。

表 8-1 TOD 开发土地政策

城市(国家)	出台时间	政策名称	主要政策内容
品川(日本)		再开发地区规划制度	将土地经过清算出让给民营企业,并制定激励政策,刺激民间资本进行大规模的城市开发
波特兰(美国)		城市空间增长边界(urban growth boundary,UGB)政策	它是俄勒冈州土地利用规划方案的主要宗旨,这项政策保证了在城市增长边界内的土地供应和边界外的乡村区域长达 20 年的保护
香港(中国)	2000 年	香港铁路条件	政策规定香港铁路公司有一定的铁路沿线土地的开发权
深圳(中国)	2010 年 4 月	《深圳市轨道交通条例(征求意见稿)》	进一步推行地铁上盖物业开发建设

续表 8-1

城市(国家)	出台时间	政策名称	主要政策内容
北京(中国)	2022年10月	北京市轨道交通场站与周边用地一体化规划实施细则(试行)	(1)结合线路一体化规划、场站一体化方案相关要求,加快开展土地资源整理,有序供应土地。 (2)按照工程一体化设计方案明确的轨道交通设施、相关预留工程与经营性用地的权属边界分类办理供地手续。 (3)鼓励田化邻用地与轨道站点一体化衔接,保障一体化实施效果
宁波(中国)	2011年8月	轨道交通专项土地储备制度	议定轨道交通专项土地储备范围为轨道站点500m半径范围内用地,并以此赋予轨道公司综合开发经营轨道沿线土地的权利
贵阳(中国)	2014年5月	《贵阳市城市轨道交通国有土地使用权作价出资暂行办法》	市轨道公司根据下达的年度投融资计划对轨道交通项目的年度目标任务要求,提出国有土地使用权作价出资申请,并附年度土地作价出资初步方案,提出拟作价出资土地的选址、用地规模、规划指标、融资需求意见等,报市政府组织市发展和改革委员会、市财政局、市国土资源局、市规划局、市住房和城乡建设局、市国资委、市政府金融工作办公室等相关单位审查
上海(中国)	2016年10月	《关于推进本市轨道交通场站及周边土地综合开发利用的实施意见》	(1)在轨道交通网络规划编制中,要根据城市开发边界和地区功能布局,同步研究各场站综合开发的总体要求、规划控制要求,条件成熟的场站可达到控制性详细规划深度,明确各场站的功能定位、开发范围、开发规模和相关控制要素等。 (2)要体现公共交通导向(TOD)模式,加强区域研究评估,以场站用地为基础,适当扩大范围确定规划编制范围。 (3)将地区开发强度向轨道交通场站及其周边地块适度集中,鼓励土地集约使用,适当提高开发强度,构建由主要客运走廊沟通主要就业岗位和居住区、职居均衡的城市空间形态。 (4)综合开发主体以协议方式取得的建设用地使用权,以自主开发为主,土地使用权不得转让,不得以改变土地使用权人的出资比例、股权结构等方式,变更土地使用权

续表 8-1

城市(国家)	出台时间	政策名称	主要政策内容
南京(中国)	2015年10月	《关于推进南京市轨道交通场站及周边土地综合开发利用的实施意见》	具备条件的规划区内土地使用权应以招拍挂方式公开出让。核心区内用于车站、轨道、车辆段部分的土地按照划拨方式管理;核心区内不具备单独规划建设条件或适宜与地铁相关设施同步实施的经营性土地,由国土部门报经市政府同意后,按协议方式办理出让手续,协议出让的土地使用权及建筑物不得转让。鼓励社会资本参与轨道交通场站综合开发利用,土地使用权以招拍挂或股权转让方式公开出让
青岛(中国)	2016年10月	《青岛市轨道交通土地资源开发利用管理办法》	(1)轨道交通综合开发项目的经营性用地以招拍挂方式出让。轨道交通管理机构对拟出让的土地提出的涉及轨道交通建设施工、设施保护和运营安全的要求,经国土资源部门审查后纳入供地方案,作为土地使用权出让的附加条件。 (2)附着于轨道交通设施且不具备独立开发条件的经营性地下建设项目,可以采用协议方式出让地下空间建设用地使用权
武汉(中国)	2014年10月	《市人民政府关于支持地铁建设的土地资源筹集意见和方案的批复》	明确整合全市中心城区和新城区轨道站点周边的土地资源共计16 896亩用于地铁新中心和地铁小镇建设
	2020年11月	《市人民政府办公厅关于进一步加强新城区地铁小镇土地资源统筹管理的通知》	市土地整理储备中心在市级政府采购平台,通过公开招标方式,购买地铁小镇土地征收、收购、收回涉及的土地储备整理服务,确定地铁小镇承接主体。武汉地铁集团可依法依规参与上述政府购买服务招投标活动。地铁小镇储备宗地相关的道路等市政基础设施建设支出纳入项目土地储备成本事宜,依照《土地储备资金财务管理办法》(财综〔2018〕8号)等有关规定执行

续表 8-1

城市(国家)	出台时间	政策名称	主要政策内容
成都(中国)	2018年11月	《成都市轨道交通场站综合开发专项规划》	构建轨道交通站点综合开发分级体系,对以站点为中心,一般站点半径500m,换乘站点半径800m以及车辆基地周边综合开发范围内的土地资源进行梳理,充分预留综合开发资源
成都(中国)	2019年4月	《成都市轨道交通场站综合开发用地管理办法(试行)的通知》	(1)轨道交通场站综合开发用地范围内的土地在出让前,须完成一体化城市设计及相应控规调整,一体化城市设计成果及相关技术要求需纳入拟上市宗地规划、建设条件。 (2)对符合《划拨用地目录》的非经营性地上、地下空间,包括车辆基地本体工程、轨道交通站点本体工程以及涉及轨道交通场站的交通衔接设施、环境建设项目或便民服务设施等轨道交通的附属配套工程,按行政划拨方式供地。 (3)轨道交通场站综合开发用地上市前,应按现行方式对土地进行评估,并按现行土地上市程序组织土地出让方案编制和审定。以拍卖、挂牌方式出让的轨道交通场站综合开发用地起始(叫)价可按不考虑轨道交通因素的宗地评估价的70%(含持证准用价款)确定
天津(中国)	2019年1月	《关于推进天津市轨道交通场站及周边土地综合开发利用实施意见(试行)》	(1)土地由城市轨道交通建设运营主体或城市轨道交通建设运营主体与相关企业组成的联合体取得的,城市轨道交通建设和土地综合开发应统筹推进;土地由其他市场主体取得的,其他市场主体应与城市轨道交通建设运营主体协商安排城市轨道交通建设与土地综合开发相关事宜,确保轨道交通各项建设按规划有序推进。 (2)对于实施综合开发的轨道交通车辆基地用地,按照相关规定,由土地储备机构对其中规划为经营性用地的土地实施收储,并与城市轨道交通运营主体协商土地收储事宜

续表8-1

城市(国家)	出台时间	政策名称	主要政策内容
杭州(中国)	2018年6月	《杭州市城市轨道交通地上地下空间综合开发土地供应实施办法》	进一步细化了土地供应方式,明确不具备单独规划建设条件的经营性地上空间,可带技术能力要求、建筑设计方案、场站施工方案等条件公开出让
乌鲁木齐(中国)	2018年3月	《乌鲁木齐市轨道交通管理条例(草案)》	市属轨道交通经营单位实施综合开发的,可以按作价出资或者协议出让方式取得土地使用权
佛山(中国)	2021年6月	《佛山市人民政府办公室关于印发佛山市轨道交通场站及周边土地综合开发实施办法(试行)的通知》	(1)停车场、车辆段、控制中心等设施综合开发土地由市纳入年度储备计划,除市收储用地以外,综合开发范围内土地按照属地管理原则由各区征收后移交佛山市土地储备中心,其余轨道交通站点综合开发用地征收按照现行政策执行。 (2)根据轨道交通线路建设时序,对年度土地储备计划、国土空间规划调整、土地供应等具体环节提出时间节点计划。 (3)对于不具备单独规划建设条件的经营性地上空间,可将统一联建的轨道交通场站、线路工程及相关规划条件、轨道交通建设要求作为取得土地的前提条件,采用招标拍卖挂牌方式供应;对于不具备单独规划建设条件的经营性地下空间,可探索协议方式供应

而近期一些二线城市针对综合开发的土地供应政策就显得更加明确,一般都根据是否具备开发条件来确定不同的土地供应方式,如青岛、杭州、南京等城市基本都规定非经营性用地以划拨方式供应;不具备独立开发条件的经营性用地以协议方式出让;具备独立开发条件的经营性用地以招拍挂方式出让。同时,杭州还进一步细化了土地供应方式,明确不具备单独规划建设条件的经营性地上空间,可带技术能力要求、建筑设计方案、场站施工方案等条件公开出让。此外,成都还针对招拍挂土地确定了出让起始价,规定土地出让起始价可按不考虑轨道交通因素的宗地评估价格的70%(含持证准用价款)确定。此类政策的细化也为后续综合开发用地出让提供了方向性的指导。武汉则要求利用轨道交通场站及周边土地进行商品住宅综合开发建设的项目,应该采取公开出让方式供地;地铁小镇和地铁新中心项目用地,经批准后可以作价出资方式供应给武汉地铁集团。

深圳市在积极推行地铁上盖物业的开发建设时,在土地政策方面做出了积极的探索和尝试。自 2012 年底以来,深圳市针对土地出让方式进行了创新和制度改革,把土地作为一种资产,直接注入到地铁公司,协议出让。例如 2013 年 3 月深圳市政府常务会议纪要,同意公司以土地作价出资方式获得横岗车辆段上盖项目、深湾站上盖项目、前海交通枢纽上盖项目 3 块土地,用地面积共 37.96hm²,计容建筑面积 201.9 万 m²。为此,深圳市确定国有土地使用权作价出资在市地铁集团有限公司、市机场(集团)有限公司、市特区建设发展集团有限公司先行先试。近年来在南宁、乌鲁木齐、贵阳、兰州等其他一些城市中,也推出了类似的土地政策。例如南宁 2016 年出台《南宁市城市轨道交通综合开发建设用地使用权作价出资管理暂行办法》,并于 2017 年审批了"原海鲜市场地块""福建园站地块""佛子岭站地块""火车东站南广场 8 号地块""火车东站南广场 9 号地块""火车东站南广场 10 号地块""高坡岭路地块"的作价出资用地手续,总用地面积共计 258 亩(1 亩=666.67m²),土地用途均为商住办公用地,涉及作价出资价款 23 亿元,为南宁的轨道交通建设提供了资金保障。

8.1.2 公共财政与投融资模式

政策要点:从单一依赖各级财政资金转向多源多形态投融资,形成各级政府、地铁公司、房地产开发商、资产运营管理公司等共同出资、合作开发的新模式。政府通过提供资金补贴、容积率奖励和税收优惠等政策工具支持 TOD 开发,企业通过其商业运营实现 TOD 开发的利益最大化,在公共财政和市场盈利间形成良性循环,实现 TOD 开发中的公共利益、企业利润和公民利益的统一。

如何采取更有效的融资是轨道交通建设的重要问题。在轨道交通投资中,我国城市政府通常需要承担 40%~50% 的资本金,剩余融资则以银行贷款、债券等来实现。近年来,我国相关城市已经在制定和实施相关的土地开发策略以支持轨道融资。例如:在贵阳,经营性建设用地需按 50 元/m² 的标准计提轨道交通建设专项资金,且未出让土地可作为轨道建设项目偿债源;在武汉,临近轨道交通站点 200m 范围内的换乘站和一般站可分别增加 50% 和 30% 的容积率,而距站点 400m 范围内的土地开发可增加 20% 的容积率(表 8-2、表 8-3)。

表 8-2 TOD 开发公共财政相关政策

城市(国家)	出台时间	政策名称	主要政策内容
日本	1962 年	补助金制度	日本政府对轨道企业进行各种资金补助,补助业务包括城市轨道、干线轨道、安全和防灾措施等
	1962 年	地下高速铁道建设费补助制度	以地方政府、特殊法人和第三部门建设经营的线路为补助对象,初期主要是以运营补贴为主,最高额度为 6.5% 的利息差,之后补助内容改为建设费,补助额度提高到总建设费的 70%,分 10 年支付,由国家政府和地方政府各承担 35%

续表 8-2

城市(国家)	出台时间	政策名称	主要政策内容
日本	2002年	地下高速铁道建设费补助制度	使用对象拓展到私营铁道,对于改善城际交通联系、促进轨道交通与沿线居住区一体化开发的新建设项目进行形式灵活的建设费补助;对于大型综合枢纽建设、连接性线路建设,由日本政策融资银行提供优惠的长期低息贷款,贷款比例达到建设施工费用的40%~50%
		受益者负担制度	私营轨道和联系中心与外围区域的轨道、轻轨等各种轨道交通,均可通过受益者负担来分摊建设成本
波特兰(美国)		交通和增长管理方案	政府提供资金补助,以促进优质社区规划。1993—2002年,政府交通和增长管理方案从联邦交通基金中提供了670多万美元补助
		TOD免税政策	允许符合条件的项目,免征长达10年的住房物业税。波特兰和格雷沙姆两城市已经执行该方案
		《公共交通导向发展计划(TOD实施计划)》	利用当地和联邦交通基金组合以推动TOD的建设,资金的主要用途是为收购土地和TOD在他人土地上的通行权
夏洛特(美国)	1998年	《2025交通和土地利用整体发展规划》	引导公众通过了公共交通税费条例
深圳(中国)	2010年4月	《深圳市轨道交通条例(征求意见稿)》	(1)轨道交通建设资金通过多渠道、多方式筹集,鼓励国内外企业和其他组织投资建设和运营轨道交通。(2)政府投资轨道交通建设、运营的,应设立轨道交通建设发展专项资金并纳入专户管理和核算,实行专款专用。(3)轨道交通建设需缴纳的各种税费,市政府可依法减免的,按照有关规定予以减免

续表 8-2

城市(国家)	出台时间	政策名称	主要政策内容
青岛(中国)	2016年10月	《青岛市轨道交通土地资源开发利用管理办法》	(1)市行政区域轨道交通规划控制范围外的土地,按照土地使用权出让金总额的10%计提地铁建设基金,不得减免。 (2)按照本办法归集的资金,由市财政部门统一拨付轨道交通专项账户,全部用于轨道交通建设、资源开发和运营。 (3)轨道交通土地资源开发利用需要缴纳的各种税款、规费和各种政策性住房配比指标,市人民政府可以依法减免的,按照有关规定予以减免
成都(中国)	2017年	《成都市轨道交通专项资金筹措方案》	确立了成都轨道交通建设资金筹集方案
天津(中国)	2019年1月	《关于推进天津市轨道交通场站及周边土地综合开发利用实施意见(试行)》	对城市轨道交通建设运营所需功能的投资,由城市轨道交通建设运营主体承担;对物业综合开发增加功能的投资,由物业综合开发主体承担;对两者功能共用部分的投资,按比例由城市轨道交通建设运营主体和物业综合开发主体分摊,具体以市发展改革委批复的项目可行性研究报告为准,作为核准城市轨道交通建设投资的依据
佛山(中国)	2021年6月	《佛山市人民政府办公室关于印发佛山市轨道交通场站及周边土地综合开发实施办法(试行)的通知》	轨道交通场站及周边土地综合开发规划工作经费纳入专项财政预算,由编制主体列入年度预算,报同级财政主管部门审批后列入本级政府年度财政预算,最终纳入轨道交通场站周边土地的开发成本
		《佛山市人民政府办公室关于印发佛山市轨道交通场站及周边土地综合开发实施办法(试行)的通知》	(1)根据片区发展定位、可储备用地规模和规划调整建议,测算开发投资金额、土地开发收益及土地收储成本。 (2)土地储备机构要结合地块摸查情况制订土地储备补偿方案,方案要充分运用征收储备和城市更新改造政策。 (3)对车辆段、停车场、控制中心上盖综合开发的同步实施工程,编制投资分配方案,区分地铁建设和物业开发分别承担的费用

表 8-3　TOD 开发投融资模式相关政策

城市(国家)	出台时间	政策名称	主要政策内容
西雅图(美国)	2005 年		城市公共交通投资来自联邦政府和州政府的燃油税，以及地方政府的消费税。 通过联邦公路基金；联邦政府贷款；消费税、房地产税等；土地溢价回收；票箱收入等多种渠道融资
北京(中国)	2016 年	北京市轨道交通授权经营协议	首创授权—建设—运营模式(ABO 模式)，即由政府方授权城投公司或轨道交通公司作为项目业主，负责轨道的投资、建设、运营、管理等工作；授权机构可以选择自筹或与社会资本合作解决融资问题
香港(中国)		《香港发展规划》	香港首创"轨道＋物业"的商业化运行模式
深圳(中国)	2001 年	《深圳市地下铁道建设管理暂行规定》	采取地方政府财政负担的一元化投资模式
深圳(中国)	2010 年 4 月	《深圳市轨道交通条例(征求意见稿)》	采用二元化投资模式，其中政府财政负责 50% 的资本金，剩余部分主要依靠银行贷款、债券等融资，并开始探索基于特定条件"招拍挂"的"地铁＋物业"联合开发模式，即将部分土地溢价返还用于地铁建设成本
深圳(中国)	2013 年 5 月	《深圳市国有土地使用权作价出资暂行办法》	(1)确定国有土地使用权作价出资在市地铁集团有限公司、市机场(集团)有限公司、市特区建设发展集团有限公司先行先试。 (2)采取多元化的投资模式，政府将地铁沿线上盖用地采取作价出资的模式，强化"地铁＋物业"联合开发，提升土地使用权的转让效率
深圳(中国)	2017 年 7 月	《深圳市城市规划标准与准则(2017 年局部修订稿)》	由政府财政资金承担 50% 的资本金，资本金以外的资金采用银行贷款等多元化融资模式解决

续表 8-3

城市(国家)	出台时间	政策名称	主要政策内容
东莞(中国)	2018年2月	《东莞市轨道交通建设投融资管理办法》	对轨道交通建设投融资实施模式进行创新,并对"以地筹资"方式进行明确
	2018年1月	《关于创新体制机制加快轨道交通建设发展的若干意见》	将进一步突出轨道交通在中心城区的通勤作用,改变原来的财政直接投资传统模式,突出"以地筹资"和TOD综合开发,最大程度发挥轨道交通对城市品质提升的综合效益
贵阳(中国)	2014年5月	《贵阳市城市轨道交通国有土地使用权作价出资暂行办法》	经营性建设用地需按 50 元/m² 的标准计提轨道交通建设专项资金,且未出让土地可作为轨道建设项目偿债源
兰州(中国)	2015年3月	《关于兰州市轨道交通沿线土地以作价入股方式进行配置的规定》	对兰州市轨道交通沿线土地以作价入股方式配置做出相关规定

在深圳,TOD进程中轨道交通融资呈现了多种形态和机制,包括政府财政融资、银行贷款、公私合营、轨道+土地联合开发等形式。例如:在深圳地铁的一期工程中,主要采取政府直接财政主导(约占70%)的一元化投资模式;在二期工程中,主要采用二元化投资模式,其中政府财政负责50%的资本金,剩余部分主要依靠银行贷款、债券等融资,并开始探索基于特定条件"招拍挂"的"地铁+物业"联合开发模式,即将部分土地溢价返还用于地铁建设成本;在三期工程中,采取了更加多元化的投资模式,尤其是政府将地铁沿线上盖用地采取作价出资的模式,强化"地铁+物业"联合开发,提升土地使用权的转让效率。

北京的融资模式采用部分财政投资及企业建设与经营管理的方式,由公司作为地铁的经营主体在地铁铺设前期或直接在铺设地铁之前投入广告,吸引其他的大公司如房地产公司、娱乐公司、餐饮公司来进行地铁沿线投资,通过多种渠道取得投资后再继续进行沿路地铁的铺设,并将地铁沿路地区的经营权及物业管理权过渡给投资方,地铁企业与投资方实现共同盈利。

在中国香港,TOD的融资模式是铁路公司与地产商合作,铁路公司移交给房地产商一定的开发权,建设费用和风险由房地产商承担,但是地铁公司可以从中得到高达五成的利润,这使得地产公司除车费收入外还具有极高的盈利能力,弥补了地铁运营的折旧和利息所带来的巨大影响。这种中国香港首创的"轨道+物业"的商业化运行模式,大大增强了铁路公司的盈利能力,使得香港铁路公司的融资模式,由政府投资主导的债务型融资模式转变为投资主体多元的市场运作模式,增强香港铁路公司的抗风险能力,客观上促进了城市道路建设。

第 8 章 TOD开发的制度保障与政策体系

美国轨道交通融资通常来自联邦政府和州政府的燃油税，以及地方政府的消费税。在西雅图，海湾运输署提供公交服务的资金主要来自当地消费税、房地产税和机动车辆消费税，由金县、皮尔斯县和斯诺霍米什县的征税区按相应的比例征税。其次，西雅图也积极采用溢价回收工具实现公交系统的多元化融资。在西雅图南联合湖有轨电车项目中，于2005年提议设立一个特殊评估区，该区内98%的不动产拥有者同意缴纳税费来缓解有轨电车融资负担，共提供了超过50%的建设成本。

8.1.3 规划设计与管理

政策要点：把TOD规划原则转化为规划设计标准，在空间尺度、土地开发功能、性质、开发强度、开发模式和土地利用混合度等方面按照TOD等级和类型设定不同的参数（表8-4）。

表8-4 TOD开发规划管理相关政策

城市（国家）	出台时间	政策名称	主要政策内容
涩谷、新宿（日本）		"都市再生特别地区"制度	在"都市再生紧急整备地区"内，遵从地区整备方针，对城市再生有较大贡献的项目，可以不受制于该地区现有的用途、容积率、形态限制等规定，享有更高的规划自由度
日本		《铁道事业法》	构建多元化的地铁建设主体
日本		"轨道＋物业"模式	在轨道沿线开发住宅区、百货商店以及各种休闲娱乐等场所，实现综合利益最大化
东京（日本）		直通运行模式	地铁线路与民营线路共用轨道，重组和改良车站换乘动线
俄勒冈州（美国）		交通规划条例	要求都市区域设定目标，并采取行动，以减少对汽车的依赖。指导都市区域改变土地利用性质以促进步行者友好的、紧凑的、混合使用的开发
波特兰（美国）		区域增长管理政策	2040增长概念将城市增长集中在紧凑的城市增长边界内的公交中心和走廊。地方政府必须遵守区域功能规划要求，执行增长目标、最大停车位限制、最小密度要求和街道连接标准

续表 8-4

城市(国家)	出台时间	政策名称	主要政策内容
新加坡		公共交通辅助计划	私营公共汽车及学校公共汽车运营商合作
		容积率的计算及控制	容积率＝总建筑面积/总用地面积。在总体规划层面按照城市远景规划人口的整体需求分配地块(计算方法与中国的一致)
		公共优先对策	通过法律形式和经济杠杆调控小汽车的持有量和使用率
美国		"步行者通行服务水准"的考虑方法	以每分钟步行者人数为1000人的站厅为例,如果此站厅将服务水准定为B级,则站厅需要将1m宽度内每分钟的通过人数控制在51人以下。经计算即可得知该站厅的通道宽度需为:1000人/min÷51人/(min·m)＝19.6m。如果通道中有墙边、柱边这些无法通过的区域,则需要在计算所得的数值之上增加1m
夏洛特(美国)	1994年	《中心和走廊远景规划》	规划目标是促使人们将城市发展集中在中心和走廊,促使公共交通体系和基础设施利用最大化,激励对于未充分使用场地的二次开发和再使用
	2001年	《交通车站地区发展原则》	为未来高速交通车站周边1/2英里(1英里＝1.609km)的区域范围内建设适宜居住的社区提供综合建议
西雅图(美国)	2014年	最小密度管理	(1)高度管理方面,根据开发类型的不同,建筑高度存在差异,通常实施30～160英尺(约9.1～48.8m)的高度管理。 (2)容积率管理方面,根据不同用地功能的混合性特征,对轨道交通站点内外土地开发的最高强度进行控制,并规定不同高度限制区的最小容积率,以满足较高密度发展的目标

第8章 TOD开发的制度保障与政策体系

续表8-4

城市(国家)	出台时间	政策名称	主要政策内容
深圳(中国)	2001年	《深圳市地下铁道建设管理暂行规定》	促进地铁沿线物业开发
	2010年4月	《深圳市轨道交通条例(征求意见稿)》	(1)轨道交通规划包括轨道交通线网总体规划、近期建设规划、各线路的详细规划和轨道交通配套设施规划。(2)市交通运输主管部门负责编制各层次轨道交通规划,经市规划国土部门审查后,报市人民政府批准。(3)市规划国土部门应将轨道交通规划纳入城市总体规划、各层次城市规划和城市更新规划,并负责轨道交通规划与城市其他各专项规划相衔接。(4)市规划国土部门出让、划拨与轨道交通建设有关的土地前,应当按照轨道交通规划设计及施工要求,将出入口、通风亭和冷却塔等设施以及地下结构要求在《建设用地规划许可证》中予以确定,并负责监督管理
	2017年7月	《深圳市城市轨道交通第四期建设规划(2017—2022年)》	将建设6号线支线、12号线、13号线、14号线、16号线5个项目,至2020年深圳市轨道交通网络将由16条线路组成,至2025年深圳市公交出行比例将超过65%,其中轨道交通占公交出行总量将超过45%
		《深圳市城市规划标准与准则(2017年局部修订稿)》	深圳市实施5类(密度一区—五区)城市建设用地密度分区制度,地块容积率由基础容积、转移容积、奖励容积构成,其中基础容积可在基准容积率的基础上,结合地块规模(A1)、周边道路(A2)和地铁站点(A3)等情况实行容积率修正
上海(中国)	2014年4月	《关于推进上海市轨道交通场站及周边土地综合开发利用的实施意见(暂行)》	规划统筹范围,原则上不小于轨道交通场站周边500m范围,具体在控制性详细规划编制中予以明确
	2014年6月	《上海市轨道交通车辆基地综合开发建设管理导则(试行)》	规划统筹范围,原则上不小于+F5轨道交通场站周边500m范围,具体在控制性详细规划编制中予以明确
	2016年10月	《关于推进本市轨道交通场站及周边土地综合开发利用的实施意见》	结合本市轨道交通场站综合开发利用规划研究以及轨道交通项目选线专项规划编制,在与城市总体规划、土地利用总体规划以及地区开发需求衔接的基础上,确定本市轨道交通场站及周边地区综合开发利用的总体要求

续表 8-4

城市(国家)	出台时间	政策名称	主要政策内容
北京(中国)		车辆基地上盖综合开发规划设计	目前北京市已/拟进行综合开发的车辆基地上盖项目15个,总开发规模超过570万
		车站与功能区的整合规划	丽泽商务区、通州运河核心区、未来科技城等重点功能区,通过一体化设计,优化完善功能区规划方案,实现轨道交通车站城市功能的整合
		《北京市轨道交通一体化规划及实施对策研究》	(1)站点周边土地使用模式和指标体系研究。 (2)轨道交通站点交通接驳设施规划设计导则。 (3)地下空间专项规划研究
南京(中国)	2015年10月	《关于推进南京市轨道交通场站及周边土地综合开发利用的实施意见》	以轨道交通场站为核心,划定两个层次的规划设计范围,原则上将不小于轨道交通场站周边500m范围划定为"轨道交通场站综合开发特定规划区",并将其中200m范围划定为"轨道交通场站综合开发核心区"
青岛(中国)	2016年10月	《青岛市轨道交通土地资源开发利用管理办法》	(1)轨道交通综合开发项目办理审批时实行容缺受理、并联审批。其中,由轨道交通经营单位建设的,应当与轨道交通设施建设项目一并办理审批手续;其他单位建设的,相关部门在审批前,应当征求轨道交通经营单位意见。 (2)轨道交通设施与其相邻的建(构)筑物之间的连通通道,符合规定要求的,应当一并纳入轨道交通主体工程审批,建设费用列入轨道交通建设成本,由轨道交通经营单位统一建设、经营管理
武汉(中国)	2016年12月	《市人民政府办公厅关于加强轨道交通场站及周边土地综合开发利用工作的通知》	明确了轨道交通场站及周边土地综合开发的目标、原则及适用范围,对于规划建设统筹、土地供应方式、建设审批流程、成本及收益管理等方面进行了规范
	2020年11月	《市人民政府办公厅关于进一步加强新城区地铁小镇土地资源统筹管理的通知》	(1)市自然资源和规划局负责新城区地铁小镇土地资源规划统筹,紧密衔接国土空间规划、轨道交通线网规划,充分发挥轨道交通引领作用。 (2)新城区人民政府负责积极完善地铁小镇周边基础设施配套建设,区规划主管部门负责按照市人民政府批准的规划成果核发项目规划条件

续表 8-4

城市(国家)	出台时间	政策名称	主要政策内容
成都 (中国)	2017年	《成都市人民政府关于轨道交通场站综合开发的实施意见》	确立了TOD综合开发的相关实施方案
	2018年11月	《成都市轨道交通场站一体化城市设计导则》	主要包括功能定位与产业发展、用地布局、城市形态、开敞空间、地下空间利用、慢行系统、交通接驳系统等,为站点规划工作提供详细指引
	2019年1月	《成都市轨道交通场站综合开发实施细则》	为TOD综合开发提供了具体操作层面的实施办法
郑州(中国)	2018年6月	《郑州市人民政府办公厅关于印发郑州市轨道交通段(场)及沿线站点毗邻区域土地综合开发建设导则(试行)的通知》	明确轨道交通段(场)建设开发流程、综合开发规划、建筑规范、交通规划布局设计、市政设施规定等。 (1)区域道路交通承载范围内,结合周边地块开发强度合理确定综合利用的建设规模,参考其他城市做法,上盖部分物业开发停车场(库)不纳入容积率计算面积。 (2)在控规中应根据项目实际情况分别明确不同层次板地高度、上盖平台高度、上盖建筑高度及总体建筑高度控制要求,处理好相邻关系。 (3)应加强区域交通专项规划研究,重点研究区域层面的道路系统容量、垂直交通组织、地面公交设施配套、轨道站点衔接、停车设施布局、上下匝道设置等内容,相关结论纳入控规
东莞 (中国)	2018年2月	《东莞市轨道交通站场地区规划管理办法》	明确轨交站场地区土地开发的总体要求
	2018年7月	《东莞市轨道交通站场周边土地综合开发及站场综合体建设实施细则》	对开展轨道交通站场周边土地储备规划、土地储备、综合开发等作出规定
佛山 (中国)	2018年5月	《佛山市顺德区轨道交通站场用地及周边综合开发土地供应模式的实施意见》	明确了物业综合开发范围、土地供应方式等

续表 8-4

城市(国家)	出台时间	政策名称	主要政策内容
佛山（中国）	2021年6月	《佛山市人民政府办公室关于印发佛山市轨道交通场站及周边土地综合开发实施办法（试行）的通知》	综合开发总体策略研究、综合开发规划，以及车辆段、停车场、控制中心等综合体概念方案完成编制后分别由各编制主体组织专家评审，报佛山市城市轨道交通工程项目指挥部审议。除车辆段、停车场、控制中心等综合体以外的其余站点综合体概念方案由各区组织审查，报佛山市城市轨道交通工程项目指挥部备案
			以距轨道交通场站800m为半径，结合规划路网、自然地理界线、行政界线、权属界线等，统筹产业发展、公共服务设施配置、城市生活功能组织等因素，划定规划范围

1. 规划设计原则

国内外理论研究和实践经验表明，成功的TOD规划设计必须遵循以下4个原则：①高密度原则，较高的土地开发强度、合理的路网密度；②多样化原则，土地混合使用、交通方式多元化、住宅类型多样化；③舒适性原则，创造宜人的空间环境，塑造魅力公共开发空间；④可识别原则，营造地区特色，建立清晰的标识系统。

2. TOD的空间尺度范围

有关研究表明，轨道交通对沿线经济的辐射效果随距离增大而减小，1000m之外相关辐射带动作用已不再明显。因此，为加强对轨道交通车辆段、站点等设施周边土地的开发，最大限度发挥轨道交通带来的经济效益。各类型TOD空间尺度范围的确定重点考虑行人步行距离以及轨道交通车站密集程度两个因素。区域级城市型TOD位于区域政治经济文化活动中心，土地功能结构复杂，混合程度较高，轨道交通车站间距较小，车站之间直接腹地相互重叠，市民步行接驳可接受的距离相对较短。与之相比，地区级城市型TOD市民步行接驳可接受的距离稍长，社区型TOD最长。因此，建议区域级城市型TOD的空间尺度范围为以轨道交通车站为中心，半径400~500m；地区级城市TOD为500~600 m；社区型TOD适当扩大到600~1000m。

3. 土地利用功能与规划控制

1）用地性质与功能

根据各类型TOD的区位以及土地的价值，区域级城市型TOD用地功能应以商业办公用地为主，不建议进行纯居住用地开发；地区级城市型TOD以居住、公共服务用地为主，含有一定比例的商业办公用地；社区型TOD以纯居住用地为主，商业零售主要是为社区服务的商场。

2）土地利用模式

根据轨道交通车站周边房地产价值随着与车站距离的增加而衰减的原则，区域级城市型

TOD 轨道交通车站周边 100m 范围内为核心腹地,主要布局商业用地、商办混合用地,100～500m 可考虑布局商住用地,不提倡纯居住开发;地区级城市型 TOD 轨道交通车站周边 150m 范围内为核心腹地,主要布局商业用地、商办混合用地,150～500m 以居住用地为主;社区型 TOD 轨道交通车站周边 200m 范围内为核心腹地,主要布局商业用地、商办混合用地和居住用地,200～600m 以纯居住用地为主。

3) 土地开发强度

有关研究表明,站点 500m 腹地满足最低 5 万人门槛值的要求,地块平均容积率需在 3.0 以上。借鉴国内外 TOD 的开发经验,依据城市密度分区,初步拟定各类型 TOD 的土地开发强度,结合交通和公共配套设施的承载力以及日照、房屋间距等相关标准的要求进行验算,建议区域级城市型 TOD 的毛容积率为 3.0～7.0;地区级城市型 TOD 的毛容积率为 2.0～4.2;社区型 TOD 的毛容积率为 1.8～2.7。

4) 土地利用混合度

区域级城市型 TOD 的土地混合程度最高,以商办混合为主;地区级城市型 TOD 混合程度次之,以商住混合为主;社区型 TOD 混合程度最低,以商住混合为主。

4. 规划的统筹与衔接

由于车辆基地综合开发的特殊性,要求综合开发专项规划要先于车辆基地建设,因此,规划先导是车辆基地综合开发顺利和成功进行的保障。这方面上海具有表率作用,上海在政策中要求,"加强规划控制,通过编制总体层面的轨道交通车辆基地综合开发利用专项规划和轨道交通选线专项规划,明确各场站的开发类型"。通过同步编制总体层面的轨道交通车辆基地综合开发利用专项规划和轨道交通选线专项规划,就实现了"两规合一",避免了之前综合开发规划要不断修改、调整的繁琐。

天津则在政策中要求:充分发挥规划的先导性作用,促进城市轨道交通规划和物业综合开发协同发展。由轨道交通建设运营主体联合土地储备机构、区政府,在轨道交通线网规划阶段、建设规划阶段,开展轨道交通沿线综合开发专题研究,结合地区综合开发需求、交通配套等条件,对轨道交通沿线物业综合开发建设规模、功能定位和模式进行预测,统筹考虑公益性市政基础设施和公共服务设施安排,组织编制规划策划方案。

8.1.4 开发模式

政策要点:主要针对地铁综合体进行自主开发和合作开发。其中合作开发方式多元化。

针对开发模式,上海明确规定:"轨道交通车辆基地综合开发利用以轨道交通建设主体为主,轨道交通车站综合开发利用以相关区(县)国资公司为主,鼓励轨道交通建设主体与相关市、区(县)国资公司组成综合开发主体。综合开发主体以协议方式取得的建设用地使用权,以自主开发为主,土地使用权不得转让;如引入社会投资主体参与开发的,轨道交通场站建设用地使用权以招拍挂方式公开出让。可见,上海的轨道交通 TOD 开发模式比较灵活。而深圳一直以来则还是以合作开发为主,自主开发只占很少的比例,而且是相对简单的部分。合作开发模式又分别采用了法人型合作模式和非法人型合作模式,前者是指深圳地铁公司与合作方通过项目公司开展合作,后者则包括深圳地铁公司与合作方通过签订共享利润共担风险的合作协议或者委托开发等多种方式进行合作开发。大部分地铁上盖物业项目,深圳地铁公司均选择与开发商进行合作开发,至于具体合作方式则各有不同,如塘朗上盖物业项目通过项目公司开展合作,横岗上盖物业项目则通过协议的方式进行合作,而前海上盖物业项目采用委托开发方式进行合作。仅体量较小的项目,如深圳地铁深大站的上盖物业项目,才选择单独开发。此外,南京、东莞等城市也在政策中鼓励社会资本参与轨道交通 TOD 开发建设。

8.1.5 房地产市场

政策要点:房地产开发方面不单纯考虑市场利益,为了融入公共利益目标,增加 TOD 范围内可支付住房的供应(表 8-5)。

表 8-5 TOD 开发房地产市场管理相关政策

城市	出台时间	政策名称	主要政策内容
香港	2002 年	香港公营房屋政策	将公屋开发与轨道建设结合,"公屋"绝大部分都坐落于 9 个新市镇,并围绕轨道交通线路布置,既方便了低收入人群的出行,也为地铁创造了大量客流,同时还缓解了中心城区的压力
上海	2016 年 10 月	《关于推进本市轨道交通场站及周边土地综合开发利用的实施意见》	对规划开发边界范围内、生态敏感区外、具备交通条件的轨道交通场站进行综合开发利用,优先安排配建人才公寓(公共租赁住房),以及公益性公共服务设施、动迁安置房等,完善提高区域服务功能和土地资源节约集约利用水平
深圳	2010 年 4 月	《深圳市轨道交通条例(征求意见稿)》	在城市规划确定的轨道交通用地范围及空间内,轨道交通运营单位享有房地产开发、商业和广告等活动的经营权。具体办法由市政府另行规定
武汉	2016 年 12 月	《市人民政府办公厅关于加强轨道交通场站及周边土地综合开发利用工作的通知》	(1)利用轨道交通场站及周边土地进行商品住宅综合开发建设的项目,应该采取公开出让方式供地。 (2)地铁小镇和地铁新中心项目用地,经批准后可以作价出资方式供应给武汉地铁集团

在 TOD 政策框架下,靠近公共交通设施的住房需求会明显增加,且一定比例的新增需求来自中低收入群体。公共交通可达性的提升会带来可观的土地溢价,这表明 TOD 规划建设可能会降低一些群体对地铁站点周边住房的可支付性。因此在 TOD 规划建设产生交通绩效的同时,也需兼顾低收入群体的住房可支付性。西雅图市的 TOD 政策对中国城市具有一定的借鉴性。首先,应适当增加我国城市 TOD 区域周边可支付住房的建设比例。目前我国正在大规模规划和建设保障性住房,以缓解城市居民的住房压力。然而,一些保障性住房空间选址位于城市边缘区,导致居住和就业的空间分离,并与公共交通系统缺乏有机联系,这会降

低这些资源的配置效率。为了应对这些问题,应采取适当的方式增加公交站点周边保障性住房、廉租房的建设比例,可行的措施包括给予一定的土地开发密度奖励,以站点周边的土地出让收入来补贴低收入群体等。

近年来我国大力促进住房租赁市场发展,上海等一些城市还陆续推出了租赁住房用地。但随着一些大中城市土地可利用资源的不断减少,轨道交通 TOD 开发在提升城市土地资源集约利用水平的同时,也为未来城市租赁住房用地的供应提供了渠道。上海无疑在这方面走在了全国前列,上海在 2016 年出台的《关于推进本市轨道交通场站及周边土地综合开发利用的实施意见》中明确规定,"对规划开发边界范围内、生态敏感区外、具备交通条件的轨道交通场站进行综合开发利用,优先安排配建人才公寓(公共租赁住房),以及公益性公共服务设施、动迁安置房等,完善提高区域服务功能和土地资源节约集约利用水平。"在各地加快发展住房租赁市场的情况下,后续可能也会有一些城市借鉴上海的做法和经验。

目前,我国的城市综合体规模偏大但开发强度偏低,这无疑会降低城市综合体的运营效率,同时使得城市综合体的"综合性"不强,更类似于单一城市功能的拼合。这种情况下,效仿日本东京,开发商可通过与政府、轨交公司沟通,在片区内进行土地置换、功能转换、容积率转移、连锁更新等手段,促使片区土地统一开发,多元主体统筹规划,方可增强城市综合体综合性,并大大提高其盈利的可能。

8.1.6 收益管理

政策要点:分区域执行差别化的收益分配比例,TOD 综合开发收益反哺城市轨道交通的建设和运营维护(表 8-6)。

表 8-6 TOD 开发收益管理相关政策

城市	出台时间	政策名称	主要政策内容
深圳	2010 年 4 月	《深圳市轨道交通条例(征求意见稿)》	综合开发资金由企业自筹,轨道交通沿线土地综合开发所获得的收益,应当全部用于轨道交通建设和运营
上海	2014 年 4 月	《关于推进上海市轨道交通场站及周边土地综合开发利用的实施意见(暂行)》	综合开发利用收益中轨道交通建设主体所得部分,优先用于轨道交通建设和运营维护;区的部分由区统筹
上海	2016 年 10 月	《关于推进本市轨道交通场站及周边土地综合开发利用的实施意见》	(1)轨道交通场站及周边土地的综合开发利用收益用于支持轨道交通可持续发展。轨道交通建设主体所得的综合开发利用收益,优先用于轨道交通建设和运营维护。 (2)轨道交通场站综合建设用地开发,涉及地下经营性部分,地价按照本市相关规定收取。轨道交通场站建设用地成本和耕地占补平衡等相关费用,以及经营性"上盖"建设成本,纳入综合开发土地成本

续表 8-6

城市	出台时间	政策名称	主要政策内容
南京	2015年10月	《关于推进南京市轨道交通场站及周边土地综合开发利用的实施意见》	核心区土地收益和线路正式运营前的上盖物业收益全部纳入市级承担的轨道交通建设资金,运营后的上盖物业收益用于轨道交通运营收支平衡;规划区其余新增土地市收益部分抵顶市级承担的轨道交通建设资金,区收益部分抵顶区级承担的轨道交通建设资金
青岛	2016年10月	《青岛市轨道交通土地资源开发利用管理办法》	(1)核心区土地使用权出让收入,除上缴中央、省的部分和土地整理费用外,不再扣除其他有关基金,全额上缴市财政。(2)特定区内的土地使用权出让收入由市和区(市)按照3∶7比例分配
天津	2019年1月	《关于推进天津市轨道交通场站及周边土地综合开发利用实施意见(试行)》	轨道交通场站及周边土地综合开发收益应当用于支持城市轨道交通可持续发展,由城市轨道交通建设运营主体统筹用于城市轨道交通建设、运营补亏和物业再发展
成都	2019年1月	《成都市轨道交通场站综合开发实施细则》	轨道交通场站综合开发用地范围内的土地,由区(市)县出资完成土地整理的,供地后按现行体制分配后区(市)县所得净收益由区(市)县与成都轨道集团按50∶50的比例分成。由成都轨道集团出资完成土地整理的,供地后按现行体制分配后区(市)县所得净收益由区(市)县与成都轨道集团按25∶75的比例分成
武汉	2020年11月	《市人民政府办公厅关于进一步加强新城区地铁小镇土地资源统筹管理的通知》	地铁小镇土地出让实现的收入统一上缴至市财政局,由市财政局将扣除专项计提资金后的土地收益拨付武汉地铁集团用于轨道交通建设,并从计提资金中安排各区农田水利、教育、保障房等民生支出

虽然我国轨交 TOD 综合开发目前还处在起步阶段,但从轨交 TOD 综合开发收入看,已经成为了轨道交通经营收入的重要组成部分。从全国多个城市的轨交 TOD 综合开发政策看,对于轨交 TOD 综合开发收益的用途基本都明确用于支持城市轨道交通可持续发展,优先用于轨道交通建设和运营维护。

从政策的具体内容看,除了明确基本用途外,一些城市还对政策进行了进一步的细化,对轨交 TOD 综合开发收益的管理分配等进行了明确。例如南京规定:核心区土地收益和线路正式运营前的上盖物业收益全部纳入市级承担的轨道交通建设资金,运营后的上盖物业收益用于轨道交通运营收支平衡;规划区其余新增土地市收益部分抵顶市级承担的轨道交通建设资金,区收益部分抵顶区级承担的轨道交通建设资金。具体管理办法由市财政局、市发展和改革委员会另行研究制定。成都则规定:轨道交通场站综合开发用地范围内的土地,由区(市)县出资完成土地整理的,供地后按现行体制分配后区(市)县所得净收益由区(市)县与成都轨道集团按 50∶50 的比例分成;由成都轨道集团出资完成土地整理的,供地后按现行体制分配后区(市)县所得净收益由区(市)县与成都轨道集团按 25∶75 的比例分成。

8.1.7 国内外 TOD 开发政策的启示

(1) 政府通过土地政策、税收政策、财政政策、规划管理等政策工具推动 TOD 开发,在 TOD 开发过程中需要各级政府出台相互衔接的政策措施,发挥监管和利益平衡作用。

(2) 国内 TOD 开发在土地使用权转让和开发合作模式上已具有一批先行先试的经验,但土地政策还需要进一步制度创新。

(3) 国外 TOD 开发的容积率奖励、溢价回收等调控方法和 TOD 廊道规划建设对我国 TOD 开发具有参考性。

8.2 广州市 TOD 开发的相关政策和模式

8.2.1 广州市 TOD 开发的相关政策体系

根据《广州地铁 2019 年报》,广州已开通运营线路 14 条,里程 514.8km;在建 11 条线,在建里程 293.15km(数据来源:广州市轨道交通新线建设概况及进展广州地铁集团有限公司 2021-01-05);预计至 2035 年广州市城市轨道交通线路里程将达到 2000km(来源:《广州综合交通枢纽总体规划(2018—2035 年)》)。在城市轨道 TOD 方面,广州在 1988 年发布的《广州市地下铁道可行性研究——示例报告》,是国内探讨 TOD 规划发展的最早文件,同时于 1997 年广州地铁 1 号线正式建成运营。在轨道交通建设历程中,广州市已出台和实施的 TOD 相关政策涵盖了土地、财政、投融资模式、规划管理、房地产和收益管理等方面(表 8-7)。2015 年出台实施的《广州市依托轨道交通站点建设城市综合体项目管理办法》是住房和城乡建设部《城市轨道交通规划指引导则》的广州版,在规划管理上形成了较全面系统的指引;2016 年《国务院关于广州市城市总体规划的批复》(国函〔2016〕36 号)国家发展和改革委员会《关于打造现代综合客运枢纽提高旅客出行质量效率的实施意见》(发改基础〔2016〕952 号)明确广州市为国家重要中心城市、国际商贸中心,要着力提升枢纽现代化国际水平,打造国际交通枢纽。这两个文件为广州市进一步探索 TOD 开发模式提供了高层级的政策支撑。随后,广州市人民政府在政策中要求:在轨道交通线网建设规划阶段,同步编制轨道交通场站周边土地综合开发规划方案,由市属轨道交通投资建设主体联合市土地开发中心、各区政府共同编制,并通过优化土地使用性质和开发强度,提升土地使用价值和土地开发收益;轨道交通场站周边土地综合开发规划方案要纳入轨道交通线网建设规划,单独成章,分线路设节,按站点编列项目。

表 8-7 广州市 TOD 开发相关政策体系

政策类别	出台时间	政策名称	主要政策内容
土地政策	2013年	《广州市依托轨道交通站点建设城市综合体项目管理办法》	鼓励城市综合体项目用地性质与交通、商业、公共管理与服务、市政与公用设施、绿地和广场等各类性质混合使用。用地性质表达为:用地性质1+用地性质2+…+用地性质 N(如 S3+B1+A3)
	2017年3月	《广州市轨道交通场站综合体建设及周边土地综合开发实施细则(试行)的通知》	(1)办理轨道交通场站综合体项目用地选址后,需征收土地或者拆除房屋的,纳入轨道交通主体工程征收范围,与轨道交通主体工程用地一并征收,费用根据土地使用性质分别列入轨道交通建设成本和轨道交通场站综合体土地开发成本。(2)轨道交通场站综合体土地供应可结合地块实际,按照"一体规划、同步建设、统一供应"的思路,根据投资类别分为3种模式
		《广州市地铁场站综合体及周边地区规划设计指引》	(1)土储联动,站城融合。以"交通引领、土储先行、规划同步"为理念,根据轨道沿线储备用地的情况对线站位进行优化,使站点与储备用地结合。同时以场站综合体为核心,统筹场站800m半径范围的土地储备、产业发展、公共服务设施配置等因素,利用站点集聚效应带动周边城市土地利用的优化与空间品质的提升,实现站城融合。(2)分类研究,分级导控。根据各站点所具备的区位条件、在片区承担的功能、服务的基本人群特色等,对不同类型站点周边城市设计提出分级控制标准,有效指导各站点的设计与开发,打造站点特色亮点,提升站点集聚效应
		《广州市轨道交通场站综合体用地收储补偿实施方案(试行)》	对符合纳入省"三旧"改造数据库条件的用地,参照我市城市更新政策予以收储补偿;对不符合纳入省、"三旧"改造数据条件的用地,则按现状评估的原则予以收储补偿
	2018年4月	《周边土地综合开发规划方案》	根据土地摸查,制订土地储备计划,实现土地应储尽储,并依据可盘活的土地资源,完成交通引领城市发展的规划方案,成果由市发展和改革委员会报市政府审定

第8章 TOD开发的制度保障与政策体系

续表 8-7

政策类别	出台时间	政策名称	主要政策内容
公共财政政策		《关于印发广州市轨道交通市区共建资金管理办法的通知》	(1)征地拆迁、管线迁改等费用,车站区间土建工程(含出入段线、联络线)投资按照工程所属地域由市、区(县级市)政府各承担50%。 (2)全线共用的设施及其征地等非车站区间土建工程的相关费用(如车辆、车辆段、机电系统工程)、工程建设其他费用、预备费、铺底流动资金,各区(县级市)按照辖区内线路长度占全线的比例承担50%的出资。轨道交通新线建设投资分摊以经批复的初步设计概算为依据。 (3)区(县级市)政府根据自身发展需要提出调整轨道交通建设规划中相关线路敷设方式的,由此产生的新增投资由该区(县级市)政府自行承担
		《广州市人民政府办公厅关于广州市保障城市轨道交通企业可持续发展和创新新一轮线网投融资机制的意见》	保障财政资本金的投入,并适当加大财政投入规模,同时区分在建、新建项目建设资金和运营补亏资金分类安排
	2010年9月	《关于印发广州市轨道交通市区共建资金管理办法的通知》	(1)老六区辖区内轨道交通新线建设投资(含征地拆迁、管线迁改等费用,下同)由市本级统筹安排。 (2)四区二市辖区内轨道交通新线建设投资,由市、区(县级市)政府各承担50%
		《广州市城市轨道交通第三期建设规划(2017—2023年)》	资本金由市、区政府两级财政资金承担;资本金以外的资金采用银行贷款等多元化融资模式
开发投融资模式	2017年3月	《广州市轨道交通场站综合体建设及周边土地综合开发实施细则(试行)的通知》	(1)对于政府投资类项目,按照政府投资管理相关规定执行,相应投资纳入轨道交通建设资金统筹解决。 (2)对于运营企业投资类项目,可参照政府投资项目统一规划设计、整体报建,在初步设计概算阶段,明确轨道设施部分和综合开发部分投资分摊。 (3)对于社会投资类项目,鼓励轨道交通投资建设主体与社会资本合作投资建设,也可由社会投资主体单独投资建设

续表 8-7

政策类别	出台时间	政策名称	主要政策内容
开发投融资模式	2017年3月	《广州市人民政府办公厅关于广州市保障城市轨道交通企业可持续发展和创新新一轮线网投融资机制的意见》	现有的建设运营投融资模式，主要由政府财政投入的建设资本金、财政给予的票价优惠补贴、企业票务收入、多种经营收入和企业债务融资共同解决
规划管理政策	2009年	《广州市推进轨道交通沿线土地和物业开发工作方案》	明确"地铁＋物业"开发体系
规划管理政策	2012年	关于印发《珠三角城际轨道站域TOD综合开发规划编制技术指引（试行）》的通知（粤建规函〔2012〕793号）	明确了战场TOD规划的编制主体和对象、原则和工作目标、审批程序和要求；规定了基础调查的技术和规范。在规划控制内容上出台了强制性规定，对TOD规划文本和成果图件制定了系统和详尽的技术参数和指引
规划管理政策	2015年8月	《广州市依托轨道交通站点建设城市综合体项目管理办法》	(1)与住房和城乡建设部《城市轨道沿线地区规划设计导则》在14个方面具有对应的条款，包括用地功能混合、项目地块选取、综合开发、建设强度、建筑密度、绿地率、地下空间、交通设施、分层控制、交通核、人工地面、公共空间、视觉中心、土地政策等，是系统指导城市综合项目建设的指引性文件。 (2)广州市城市综合体项目布局规划应结合城市空间发展战略、轨道交通建设计划，并基于空间规划一张图平台开展工作；通过分析经济社会发展情况和服务业业态发展趋势，考虑建设主体需求；充分考虑广州市轨道交通线网规划的线路走向、站点布局、建设时序和预测客流特点，以及沿线重点地区功能定位、用地权属和建设情况，在符合土地管理和城市更新政策的前提下开展研究，并根据广州市轨道交通线网规划进行定期修编，保证用地与轨道交通发展协调同步。 (3)市国土规划部门会同发改、城乡建设、交通等相关部门和轨道交通建设运营单位组织编制广州市城市综合体项目布局规划，报市人民政府批准后公布实施

续表 8-7

政策类别	出台时间	政策名称	主要政策内容
规划管理政策	2016年8月	《广州市国土资源和规划委员会关于调整市政基础设施建设工程规划审批事权分工的通知》	(1)增城、从化、南沙、黄埔区范围内的跨区市政基础设施建设工程,应由区国土规划局以业务会办形式向广州市国土资源和规划委员会提供初审意见。(2)除上述调整外,市政基础设施建设工程的市、区事权分工其他内容维持原规定不变。广州经济技术开发区、南沙经济技术开发区、空港经济区市政基础设施建设工程事权按照相关规定办理
	2016年	国家发展和改革委员会印发《关于打造现代综合客运枢纽提高旅客出行质量效率的实施意见》的通知(发改基础〔2016〕952号)	广州为国家重要中心城市、国际商贸中心,要着力提升枢纽现代化国际水平,打造国际交通枢纽
	2017年3月	《广州市轨道交通场站综合体建设及周边土地综合开发实施细则(试行)的通知》	将开发用地分为场站综合体和周边土地综合开发两类:(1)场站综合体由市属轨道交通投资建设主体统筹场站综合体规划、设计及建设,负责组织综合体概念方案、综合开发规划方案、规划设计方案等的编制及报建,开展用地选址,负责土地及房屋征收协调、落实征收及建设资金等工作。(2)周边综合开发用地由市土发中心负责统筹,统筹土储、参与规划编制。开发规划方案应包括规划范围、开发定位、储备用地规模、控制性详细规划及土地利用总体规划调整建议、交通专项规划、土地开发及收益测算、实施计划等
规划管理政策	2017年11月	广州市城市轨道交通第三期建设规划(2017—2023年)	在规划实施阶段,需研究优化项目车型、车辆编组、站间距、速度目标值等主要技术标准和运营组织方案,为进一步发展预留空间
	2018年5月	《场站综合体零换乘一体化设计》	进行建筑精度的上盖方案设计,与站体建筑设计深度匹配,使上盖立体都市能与轨道站倒排工期紧密结合,反推立体规划,成果通过市国规委主任委审议
收益管理	2017年3月	《广州市轨道交通场站综合体建设及周边土地综合开发实施细则(试行)的通知》	轨道交通场站周边综合开发土地的一级开发收益由市财政统筹安排,重点用于轨道交通项目建设。轨道交通投资建设主体参与二级开发的项目收益统筹用于轨道交通建设和运营补亏。市发展改革委牵头会同市国资委、财政局对轨道交通投资建设主体参与二级开发项目的成本、收益进行监管

8.2.2 TOD 开发的广州模式

实践经验证明在这些政策支持下,广州的地铁建设与综合开发同步规划、同步征拆、同步设计、同步实施、土地收益与地铁建设投资在规模与时间上相互匹配,轨道交通与物业相互整合。根据北京 TOD 论坛报告《城市轨道交通为枢纽型网络城市提速——广州市轨道交通场站综合体建设及周边土地综合开发实践与探索》,广州市 TOD 建设历程先后走过了以站点建设为主的 1.0 时代,以站点上盖物业为主的 2.0 时代,以站点综合体建设为主的 3.0 时代,以站点周边开发为主的 4.0 时代,并将迈向以站域功能完善为主的 5.0 时代。广州市 TOD 开发已形成出让配建模式,同步工程模式,市、区、村、企共赢模式和枢纽带动片区开发模式(表 8-8)。

表 8-8 广州地铁 TOD 开发建设历程

时期	探索期 1997年	起步期 2005年	加速期 2010年	扩展期 2015年	综合发展期 2020年	全面发展期 2025年
建设线路	1号线	2/3/4号线	5/6/8号线	7/9/13/14/21号线	10/11/12/13/14/18/22号线	
里程数	5km	116km	211km	300km	500km	
客流量		77万	300万	500万	800万	
时代	1.0时代			2.0时代	3.0时代	4.0时代
综合开发	摸索30亿地块 划定地块27个			开展500亿地块土地储备,选定39个地块	新一轮策划选定33个场站综合体	谋划全面一体化
土地征储	项目征地和前置审批用地代征代管			项目征地 政府收储	项目征地、政府收储、金融运作、市区村合作	
开发范围	红线内开发				整合周边、统一规划、主导片区、多方合作	
资金筹划	政府注资				综合融资	
功能定位	交通				复合发展:交通+便民+公益+文化+开发	

注:源自《城市轨道交通为枢纽型网络城市提速——广州市轨道交通场站综合体建设及周边土地综合开发实践与探索》。

1. 出让配建模式:针对政府储备用地

1)案例基本情况

陈头岗片区位于番禺区钟村镇石壁村,广州南站核心区北侧,距离南站约 2.5km。规划将建成钟南大道、石兴大道、地铁 22 号线等重要交通通道,实现与南站核心区的快速交通联系,承接南站核心区与周边价值园区的综合辐射功能。

陈头岗停车场场站综合体为 22 号线停车场上盖综合开发项目,选址面积约 28.1hm^2,净用地面积约 24.1hm^2,以场站综合体带动周边土地进行 TOD 片区开发。

陈头岗车辆段为政府储备用地,规划为交通兼容居住用地,总用地 28.85 万 m^2,净用地 24.82 万 m^2,容积率 2.6,总计容面积 64.52 万 m^2,其中规划住宅 56.18 万 m^2,地铁综合楼 1.46 万 m^2。

2)发展定位

借助轨道站点综合开发契机,作为南站地区首先启动的功能组团,承接南站核心区溢出

第8章 TOD开发的制度保障与政策体系

的产业与生活服务功能,带动地区发展,完善地区配套服务。

3)方案设计

陈头岗车辆段选址范围内,涉及村留用地,广州地铁牵头研究村留用地置换方案,并联合政府土地储备机构积极与村对接。目前,置换面积与位置方案初步稳定,并落实在控规调整方案中。优化路网,增设东晓南放射线接口,实现盖板直接连通市政道路,提升项目品质。

4)实施模式

市级主导,提前土地收储,一体化设计,纳入规划导则,土地出让要求开发商配建车辆段、枢纽等轨道交通工程,由土地竞得人出资,实现车辆段、交通衔接设施、综合开发一体化建设。

5)开发模式

由上盖开发单位在获得上盖物业开发权的同时,按政府要求配套建设指定的交通衔接工程、预留工程、地铁设施或车站等,并在建成后将配建的部分无偿移交政府相关接收部门。配建时,配建部分的建设时序需与车站主体的建设时序相匹配,同步实施;配建的规模和内容在符合项目经济平衡的情况下,由政府指定,并纳入出让条件。

6)模式适用的前提条件

土地先行收储完成,与地铁主体工程建设时序能匹配;土地价值高,开发规模产生的收益足以支撑配建工程成本。

7)综合效益

充分利用社会资本,节省政府投资;减少出让前建设车辆段盖板环节,提前获得一级土地收益,筹集地铁建设资金;地铁公司参与处理村留用地置换,统一规划,保障村民利益;统筹规划设计,实现轨道交通工程及盖上开发一体化规划和设计,为一体化实施奠定基础。

2. 同步工程模式:针对门户型地下空间

1)案例基本情况

番禺广场站是地铁3号线、17号线、18号线及22号线4线换乘站,预留了通往中山的城际线站台,未来还将接入有轨电车线3号线,是番禺区重要的轨道交通枢纽。其中18号线建设工期计划为2017—2022年,是贯穿广州市南北部的重要轨道交通动线。番禺广场场站综合体同步工程将与地铁18号线同步建设。

2)实施模式

区政府工程立项,区、企合作,企业代建,先行施工,实现地下经营空间、公共疏导空间与地铁工程同步建设。

3)开发模式

将地下空间基坑工程纳入土地整理项目立项,采用财政资金先行建设,实现地下空间与地铁主体工程同步规划、同步设计、同步实施。资金来源多元,即来自广州地铁主导,区政府主导的源于城市轨道专项资金、区财政;交易结构为设立项目公司,项目公司再与专业运营机构组成合资运营公司。

4）综合效益

公共配套得到完善,区政府掌握着10亿元公共文化资源;新产业和新业态的形成,促进区域产业结构调整,拉动周边业态的全面升级;培育了新的政府税收来源,本项目预计带动税收贡献50亿元以上;本项目周边土地得到增值溢价;项目建设带动6000以上就业岗位。

3. 市、区、村、企共赢模式:针对综合体及周边村留用地或村集体物业土地

1）案例基本情况

2017年10月,广州地铁13号线二期可研报告已于获批复。13号线作为广州市东西向交通轴线,串接白云湖地区、北京路文化核心区、天河中央商务区、黄埔临港商务文化区和增城新塘片区,解决广州中心组团与东西两翼组团的交通需求。为落实广州市政府打造白云西部科技走廊,大力发展新一代信息技术、人工智能、电商等新兴产业的战略部署,地铁13号线二期建设同步做好周边用地整理、基础设施建设、原权属人安置、整体规划一体化建设,广州地铁统筹构建高品质智能公交网络,打造能代表广州重要国家中心城市现代产业及城市形象的高品质空间。

2）发展定位

功能定位:高品质公共服务支撑片区发展,加密地铁覆盖,服务周边黄金围产业园、朝阳企业孵化园、庆丰研发培训基地等重要产业片区;同时带动有轨电车、ART等高品质智能新公交产业的发展。

网络规模:线网总规模约25.7km,干线网络19km,加密线路6.7km。

TOD枢纽:槎头站（换乘地铁12号线、13号线）、黄金围、朝阳、凰岗站（换乘地铁13号线）

3）实施模式

市、区、村、企合作,区政府统筹规划,按"政府收储再公开出让＋集体建设用地流转"方式供地。市获得土地财政收入;区在夯实土地财政的同时实现产业升级,盘活地铁站周边区域,提升城市品质;村提供融资地块,引入企业配建村集体物业,出租经营权,提升村民收入,统筹城乡发展;开发商企业获得开发经营收益,轨道交通企业实现地铁筹集目标,多方共赢。

4）开发模式

村留地合作方式采用两种方式。

方式一:政府统筹收储模式——区、村合作村留地的交储出让捆绑开发,村、企合作统筹经营。区政府土地储备立项;区政府收储融资地块,储备协议;融资地块公开出让＋配建村集体物业。

方式二:村集体用地流转——村、企合作,村留地开发和经营捆绑招标。村留用地物业合作经营方案经村集体二次表决,公开招标合作方。企业参与竞标,统筹村留地物业开发建设、

经营及收益分成。

5) 综合效益

社会效益：区政府充分发挥地铁站点的辐射作用，统筹片区留用地开发，解决片区村留地指标落地问题，同时带动片区品质提升；合理配置住宅、保障房、长租公寓满足西部科技走廊各类产业人才2万~3万人的居住需求；配套商业综合体、九年一贯制小学（融资居住配套）、幼儿园、社区服务中心等设施，解决产业人才的后顾之忧，同时带动当地村民就业。

经济效益：政府财政可获得土地出让金，其中区财政可获得70%，市财政可获得30%，大大提高区级政府推动重点地区发展的积极性；村集体获得大量合法经营性物业产权（商场、酒店、公寓），签订合作经营协议后，由合作方（广州地铁＋合作伙伴）获得物业经营权进行初期投入、统一招商、统一经营、利益共享。村集体仍拥有物业所有权，并可获得每年约8000万元/年的租金收入，保障村民收入及长久生计。

4. 枢纽带动片区开发模式：针对综合体及周边产业小镇

1) 案例基本情况

南沙作为广州城市的新发展区，是全域引入TOD开发模式的行政单元。涉及市、区和片区等多个层级的规划和共建。广州层面：到2020年底，基本建立内涵丰富、结构合理、覆盖全生命周期的健康及养老产业体系。广州市健康及养老产业实现总产值（销售额）超过3000亿元。南沙层面：承担副中心职责，协力构筑健康及养老产业新格局。建设国家健康医疗旅游示范基地、国际医药保税港和具有世界先进水平的国际医疗综合服务枢纽，并建成一批粤港澳医疗养老全面合作示范区。横沥层面：横沥片区将结合自身定位，引入高端公共服务，支撑产业发展。

2) 方案设计

第一步：产业落地打基础。第二步：康养落地造生态。第三步：配套落地建社区促平衡。

土地利用：TOD综合服务枢纽（10%）＋SOD专业医疗、健康（30%）＋片区公共服务（15%）＋健康社区（45%，租售配比1:3）

TOD（地铁枢纽）＋SOD（三甲医院），高标准、高品质配套公共服务设施，服务城市中心区，辐射粤港澳大湾区。可参照美国太阳城模式，地铁枢纽周边用地高强度、多功能，打造片区综合服务枢纽；三甲医院周边用地集中布局健康产业，形成特色服务核心；联动周边$1km^2$居住社区，打造国际一流的健康产业社区。

3) 实施模式

区、企合作，产城结合，政府统筹规划和明确产业定位，产业企业、轨道企业、房产开发商联合投资开发商及运营服务商。错位发展，共建国家健康医疗旅游示范基地。

4) 综合效益

助推南沙快速发展，融入粤港澳大湾区发展，共同打造粤港澳优质生活圈，形成以健康为核心的资源聚集模式，带动南沙区人流聚集，联动周边产业、商业等，加快区域建设发展，推动南沙快速崛起。片区总开发量控制为100万~150万m^2，可满足每年5万~10万人次的高端医疗、健康养生、社区养老等需求,并为南沙区每年创造 GDP 10 亿元以上;高素质人才聚集,改善人才结构,夯实发展基础。项目带动 2 万～3 万高知人群入驻区域,高素质人才带来先进思维、理念与生活方式,不仅促进了南沙产业的转型升级,更从根本上促进南沙城市文化的构建与发展基础的夯实;促进城市就业,提升居民收入水平。项目产业入驻后,吸引外来人群流入,其生活消费等将连带产生近 5 万就业岗位,促进区域居民就业与收入提升;完善南沙公共服务,打造大湾区医养高端资源汇聚之地,规划调整后,片区公服设施增加 42 万 m^2,聚集优质的医疗资源、国际医疗资源,成为大湾区医疗服务供给制高点和南沙吸引国际人才入驻的重要抓手。

8.2.3　广州市 TOD 开发存在的问题

(1)规划管理细化不足。广州市 TOD 开发政策对规范 TOD 开发具有重要的指导意义。但是对不同等级和类型的 TOD 开发政策则显得不够细化和有针对性。

(2)土地收储与 TOD 开发的衔接问题仍然存在。TOD 土地收储前置缺少统一的政策指引,按照个案来协调和推进的协商成本过高,按照土地获取审批的一般流程则存在与 TOD 开发不完全同步的时间错位。

(3)TOD 全生命周期的规划建设管理评估的配套政策有待完善。TOD 开发涉及规划、建设、运营、管理和后评估等阶段,目前的状况偏向针对其中某个阶段出台相应的政策,而忽视了涵盖 TOD 全生命周期的政策建设,说明 TOD 政策体系还不够完善。

8.2.4　广州市 TOD 开发的政策建议

综合借鉴国内外的 TOD 开发经验,建议广州市 TOD 开发进一步完善开发激励机制、土地机制以及相关配套政策。

(1)明确车站地区土地利用、规划控制和吸引投资者的激励机制。坚持政府支持、行业推动、企业运作的原则,明确开发项目的计划和规划,土地取得和开发方式,申请及审查程序、监督管理、处罚奖励等方面的细节规范;明确政府、地铁公司和参与实体的责任、权利以及利益分配方式。

(2)完善土地储备、控制、运作机制。土地储备期近期控制为 2～3 年,远期根据城市发展情况可以延长至 7～10 年,应提前完成开发用地的征地拆迁工作。

(3)完善轨道交通车站相关地下空间政策。使用权以协议的方式,优先出让给轨道交通建设项目的经营者。其所有人和使用人应当履行地下空间物业和设施的日常管理和维修义务。

(4)完善配套的交通政策。包括公交优先政策、拥挤收费政策、限制小汽车使用政策等,促进小汽车使用的外部成本内部化。

结合广州市地铁 TOD 开发潜力和空间溢出效应的研究成果,作者提出如下建议。

(1)广州市在政策上进一步精细化,针对有潜力的地铁站点精准施政,开展城市层面的地铁 TOD 开发规划。确定 TOD 站域的规模结构、职能结构和空间结构优化,从宏观角度和中

第 8 章　TOD 开发的制度保障与政策体系

长期角度统筹广州地铁 TOD 的合理发展。在市中心区规划 TOD 走廊，打破单个 TOD 站域规划的传统思路，将相邻的多个 TOD 站域开发纳入统一的规划框架和体系。

（2）根据广州市地铁 TOD 站域对地价的溢出效应的测度，在条件成熟的情况下，建立 TOD 开发的利益补偿机制，以平衡各利益相关者的诉求。采取可行的溢价回收工具（如联合开发、土地税收、特殊评估区等）将公共交通带来的土地溢价回收至公共交通投资和运营部门，用于基础设施建设或公共服务供给，提升公共交通发展的社会公平性。保障轨道交通融资与土地开发的多元主体的利益，优化政府体制和市场行为的互动，以提升 TOD 站域的建设效果。

主要参考文献

包善驹,陆林,2015.合肥城市规划引导空间演进对地价时空演变的影响[J].地理学报,70(6):906-918.

傅博杰,陈利顶,马克明,等,2011.景观生态学原理及应用[M].2版.北京:科学出版社.

柴彦威,1996.以单位为基础的中国城市内部生活空间结构:兰州市的实证研究[J].地理研究(1):30-38.

韩娟,金晓斌,张志宏,等,2017.中国住宅出让地价发育特征及其影响因素分析[J].地理科学,37(4):573-584.

黄克龙,李剑波,等,2013.基于GWR的南京市住宅地价空间分异及演变[J].地理研究,32(12):2324-2333.

瞿诗进,胡守庚,李全峰,等,2018.城市住宅地价影响因素的定量识别与时空异质性:以武汉市为例[J].地理科学进展,37(10):1372-1380.

李娟娟,2007.上海城市景观格局演变及其生态安全影响研究[D].上海:复旦大学.

刘生龙,胡鞍刚,2010.基础设施的外部性在中国的检验:1988—2007年[J].经济研究,3:1-15.

刘颂,郭菲菲,李倩,2010.我国景观格局研究进展及发展趋势[J].东北农业大学学报,41(6):144-152.

聂冲,温海珍,樊晓锋,2010.城市轨道交通对房地产增值的时空效应[J].地理研究,29(5):801-810.

孙德芳,沈山,武廷海,2012.生活圈理论视角下的县域公共服务设施配置研究:以江苏省邳州市为例[J].规划师,28(8):68-72.

孙宏战,2021.基于体素模型和点云数据的精细三维景观格局分析[D].长春:吉林大学.

滕丽,王铮,2010.区域溢出[M].北京:科学出版社.

滕丽,钟楚捷,蔡砥,2022.广州市地铁TOD站域的空间类型分异-基于"节点-场所-联系"耦合度模型的研究[J].经济地理(4):103-111.

屠帆,葛家玮,刘道学,等,2017.土地出让市场化改革进程中工业地价影响因素研究[J].中国土地科学,31(12):33-41.

王爱,陆林,包善驹,等,2017.基于GWR模型的合肥居住地价影响因素研究[J].人文地理(5):89-96.

文萍,赵鹏军,周素红,2019.TOD对居民通勤模式的影响:以英国泰恩威尔都市区为例[J].国际城市规划,1-15.

吴清海,李绪红,王晓,2022.城市三维景观格局空间统计法的研究与应用[J].工程勘察,50(6):44-47.

许学强,周一星,宁越敏,2022.城市地理学[M].3版.北京:高等教育出版社.

杨奎奇,汪应宏,张绍良,等,2013.江苏省城市地价影响因素分析与空间结构研究[J].人文地理(1):69-74.

张楚宜,胡远满,刘淼,等,2019.景观生态学三维格局研究进展[J].应用生态学报,30(12):4353-4360.

朱传广,唐焱,吴群,2014.基于Hedonic模型的城市住宅地价响因素研究:以南京市为例[J].地域研究与开发,33(3):156-160.

ALANI H, JONES C B, TUDHOPE D, 2001. Voronoi-based region approximation for geographical information retrieval with gazetteers[J]. International Journal of Geographical Information Science, 15(4): 287-306.

AN D, TONG X, LIU K, et al., 2019. Understanding the impact of built environment on metro ridership using open source in Shanghai[J]. Cities, 93: 177-187.

ANSELIN L, 1995. Local indicators of spatial association—LISA[J]. Geographical Analysis, 27(2): 93-115.

ANSELIN L, SYABRI I, KHO Y, 2006. GeoDa: An introduction to spatial data analysis[J]. Geographical Analysis, 38(1): 5-22.

BARDAKA E, DELGADO M S, FLORAX R J G M, 2018. Causal identification of transit-induced gentrification and spatial spillover effects: the case of the Denver light rail [J]. Journal of Transport Geography, 71: 15-31.

BERTOLINI L, 1999. Spatial development patterns and public transport: the application of an analytical model in the Netherlands[J]. Planning Practice & Research, 14(2): 199-210.

BHATTACHARJEE S, GOETZ A R, 2016. The rail transit system and land use change in the Denver metro region[J]. Journal of Transport Geography, 54: 440-450.

BLAINEY S, 2010. Trip end models of local rail demand in England and Wales[J]. Journal of Transport Geography, 18(1): 153-165.

BOARNET M G, 1998. Spillovers and the locational effects of public infrastructure [J]. Journal of Regional Science, 38(3): 381-400.

BREWER C A, PICKLE L, 2002. Evaluation of methods for classifying epidemiological data on choropleth maps in series[J]. Annals of the Association of American Geographers, 92(4): 662-681.

CALTHORPE P, 1993. The next American metropolis: ecology, community, and the American dream[M]. New Jersey: Princeton University press.

CAO F, GE Y, WANG J F, 2013. Optimal discretization for geographical detectors-based risk assessment[J]. GIScience & Remote Sensing, 50(1): 78-92.

CARDOZO O D, GARCÍA-PALOMARES J C, GUTIÉRREZ J, 2012. Application of geographically weighted regression to the direct forecasting of transit ridership at station-level[J]. Applied Geography, 34: 548-558.

CASET F, BLAINEY S, DERUDDER B, et al., 2020. Integrating node-place and trip end models to explore drivers of rail ridership in Flanders, Belgium[J]. Journal of Transport Geography, 87: 102796.

CERVERO R, 2013. Linking urban transport and land use in developing countries[J]. Journal of Transport and Land Use, 6(1): 7-24.

CERVERO R, 2006. Alternative approaches to modeling the travel-demand impacts of smart growth[J]. Journal of the American Planning Association, 72(3): 285-295.

CERVERO R, DAY J, 2008. Suburbanization and transit-oriented development in China[J]. Transport Policy, 15(5): 315-323.

CERVERO R, MURAKAMI J, 2009. Rail and property development in Hong Kong: experiences and extensions[J], Urban Studies, 46(10): 2019-2043.

CERVERO R, SARMIENTO O L, JACOBY E, et al., 2009. Influences of built environments on walking and cycling: lessons from Bogotá[J]. International Journal of Sustainable Transportation, 3(4): 203-226.

CERVERO R, SULLIVAN C, 2011. Green TODs: marrying transit-oriented development and green urbanism[J]. International Journal of Sustainable Development & World Ecology, 18(3): 210-218.

CERVERO R, KARA KOCKELMAN, 1997. Travel demand and the 3Ds: density, diversity, and design[J]. Transportation Research Part D: Transport and Environment, 2(3): 199-219.

CHAKOUR V, ELURU N, 2016. Examining the influence of stop level infrastructure and built environment on bus ridership in Montreal[J]. Journal of Transport Geography, 51: 205-217.

CHEN E, YE Z, WANG C, et al., 2019. Discovering the spatio-temporal impacts of built environment on metro ridership using smart card data[J]. Cities, 95: 102359.

CHEN X, XUAN C, QIU R, 2021. Understanding spatial spillover effects of airports on economic development: new evidence from China's hub airports[J]. Transportation Research Part A: Policy and Practice, 143: 48-60.

CHIOU Y C, JOU R C, YANG C H, 2015. Factors affecting public transportation usage rate: geographically weighted regression[J]. Transportation Research Part A: Policy and Practice, 78: 161-177.

CHOI J, LEE Y J, KIM T, et al., 2012. An analysis of metro ridership at the station-to-station level in Seoul[J]. Transportation, 39(3): 705-722.

CHOW A S Y, 2014. Urban design, transport sustainability and residents' perceived sustainability: a case study of transit-oriented development in Hong Kong[J]. Journal of Comparative Asian Development, 13(1): 73-104.

CRANE R, SCWEITZER L A, 2003. Transport and sustainability: the role of the built environment[J]. Built Environment, 29(3): 238-252.

CUMMINGS C, MAHMASSANI H, 2022. Does intercity rail station placement matter? expansion of the node-place model to identify station location impacts on amtrak ridership[J]. Journal of Transport Geography, 99: 103278.

DENG X, LIU Y, GAO F, et al., 2021. Spatial distribution and mechanism of urban occupation mixture in Guangzhou: an optimized GeoDetector-Based index to compare individual and interactive effects[J]. ISPRS International Journal of Geo-Information, 10(10): 659.

DING C, CAO X, LIU C, 2019. How does the station-area built environment influence metrorail ridership? using gradient boosting decision trees to identify non-linear thresholds[J]. Journal of Transport Geography, 77: 70-78.

DITTMAR H, OHLAND G, 2012. The new transit town: best practices in transit-oriented development[M]. New York: Island Press.

DU Z, XU X, ZHANG H, et al., 2016. Geographical detector-based identification of the impact of major determinants on aeolian desertification risk[J]. PLOS ONE, 11(3): e0151331.

DUNCAN M, 2011. The impact of transit-oriented development on housing prices in San Diego, CA. [J]. Urban Studies, 48(1): 101-127.

DURNING M, TOWNSEND C, 2015. Direct ridership model of rail rapid transit systems in Canada[J]. Transportation Research Record, 2537(1): 96-102.

EWING R, CERVERO R, 2001. Travel and the built environment: a synthesis[J]. Transportation research record, 1780(1): 87-114.

EWING R, CERVERO R, 2010. Travel and the built environment[J]. Journal of the American Planning Association, 76(3): 265-294.

FAGEDA X, GONZALEZ-AREGALL M, 2016. Do all transport modes impact on industrial employment? empirical evidence from the Spanish regions[J]. Transport Policy, 55: 70-78.

GAO F, HUANG G, LI S, et al., 2021. Integrating the eigendecomposition approach and k-means clustering for inferring building functions with location-based social media data[J]. ISPRS International Journal of Geo-Information, 10(12): 834.

GAO F, LI S, TAN Z, et al., 2021. How is urban greenness spatially associated with dockless bike sharing usage on weekdays, weekends, and holidays? [J]. ISPRS International Journal of Geo-Information, 10(4): 238.

GAO F, LI S, TAN Z, et al., 2021. Understanding the modifiable areal unit problem in dockless bike sharing usage and exploring the interactive effects of built environment factors[J]. International Journal of Geographical Information Science, 35(9): 1905-1925.

GAO F, LI S, TAN Z, et al., 2022. Visualizing the spatiotemporal characteristics of dockless bike sharing usage in Shenzhen, China[J]. Journal of Geovisualization and Spatial Analysis, 6(1): 12.

GAO F, YANG L, HAN C, et al., 2022. A network-distance-based geographically weighted regression model to examine spatiotemporal effects of station-level built environments on metro ridership[J]. Journal of Transport Geography, 105: 103472.

GUO X, CHEN H, YANG X, 2021. An evaluation of street dynamic vitality and its influential factors based on multi-source big data[J]. ISPRS International Journal of Geo-Information, 10(3): 143.

GUTIÉRREZ J, CARDOZO O D, GARCÍA-PALOMARES J C, 2011. Transit ridership forecasting at station level: an approach based on distance-decay weighted regression [J]. Journal of Transport Geography, 19(6): 1081-1092.

HIGGINS C D, KANAROGLOU P S, 2016. A latent class method for classifying and evaluating the performance of station area transit-oriented development in the Toronto region[J]. Journal of Transport Geography, 52: 61-72.

HONG J, SHEN Q, ZHANG L, 2014. How do built-environment factors affect travel behavior? A spatial analysis at different geographic scales[J]. Transportation, 41(3): 419-440.

JELINSKI D E, WU J, 1996. The modifiable areal unit problem and implications for landscape ecology[J]. Landscape Ecology, 11(3): 129-140.

JU H, ZHANG Z, ZUO L, et al., 2016. Driving forces and their interactions of built-up land expansion based on the geographical detector: a case study of Beijing, China[J]. International Journal of Geographical Information Science, 30(11): 2188-2207.

KUBY M, BARRANDA A, UPCHURCH C, 2004. Factors influencing light-rail station boardings in the United States[J]. Transportation Research Part A: Policy and Practice, 38(3): 223-247.

KWOKA G J, BOSCHMANN E E, GOETZ A R, 2015. The impact of transit station areas on the travel behaviors of workers in Denver, Colorado[J]. Transportation Research Part A: Policy and Practice, 80: 277-287.

LI C N, LIN C, HSIEH T K, 2016. TOD district planning based on residents' perspectives[J]. ISPRS International Journal of Geo-Information, 5(4): 52.

LI J, WEN J, JIANG B, 2017. Spatial spillover effects of transport infrastructure in Chinese new silk road economic belt[J]. International Journal of e-Navigation and Maritime Economy, 6: 1-8.

LI S, LYU D, HUANG G, et al., 2020. Spatially varying impacts of built environment factors on rail transit ridership at station level: a case study in Guangzhou, China[J]. Journal of Transport Geography, 82: 102631.

LI S, LYU D, LIU X, et al., 2020. The varying patterns of rail transit ridership and their relationships with fine-scale built environment factors: big data analytics from Guangzhou[J]. Cities, 99: 102580.

LIN J J, ZHAO P, TAKADA K, et al., 2018. Built environment and public bike usage for metro access: a comparison of neighborhoods in Beijing, Taipei, and Tokyo[J]. Transportation Research Part D: Transport and Environment, 63: 209-221.

LIN J, YANG S, 2019. Proximity to metro stations and commercial gentrification.

LIU C, ERDOGAN S, MA T, et al., 2016. How to increase rail ridership in maryland: direct ridership models for policy guidance[J]. Journal of Urban Planning and Development, 142(4): 04016017.

LIU X, WU J, HUANG J, et al., 2021. Spatial-interaction network analysis of built environmental influence on daily public transport demand[J]. Journal of Transport Geography, 92: 102991.

LIU Y, JI Y, SHI Z, et al., 2018. The influence of the built environment on school children's metro ridership: an exploration using geographically weighted poisson regression models[J]. Sustainability, 10(12): 4684.

LOO B P Y, CHEN C, CHAN E T H, 2010. Rail-based transit-oriented development: lessons from New York city and Hong Kong[J]. Landscape and Urban Planning, 97(3): 202-212.

LYU G, BERTOLINI L, PFEFFER K, 2016. Developing a TOD typology for Beijing metro station areas[J]. Journal of Transport Geography, 55: 40-50.

MA X, ZHANG J, DING C, et al., 2018. A geographically and temporally weighted regression model to explore the spatiotemporal influence of built environment on transit ridership[J]. Computers, Environment and Urban Systems, 70: 113-124.

NASRI A, ZHANG L, 2014. The analysis of transit-oriented development (TOD) in Washington D C and Baltimore metropolitan areas[J]. Transport Policy, 32: 172-179.

PADEIRO M, LOURO A, DA COSTA NM, 2019. Transit-oriented development and gentrification: a systematic review[J]. Transport Reviews, 39(6): 733-754.

PAN H, LI J, SHEN Q, et al., 2017. What determines rail transit passenger volume? Implications for transit oriented development planning[J]. Transportation Research Part D: Transport and Environment, 57: 52-63.

REUSSER D E, LOUKOPOULOS P, STAUFFACHER M, et al., 2008. Classifying railway stations for sustainable transitions - balancing node and place functions[J]. Journal of Transport Geography, 16(3): 191-202.

RUSSELL J A, WARD L M, 1982. Environmental psychology[J]. Annual Review of Psychology, 33(1): 651-689.

SCHLOSSBERG M, BROWN N, 2004. Comparing transit-oriented development sites by walkability indicators[J]. Transportation Research Record, 1887(1): 34-42.

SOHN K, SHIM H, 2010. Factors generating boardings at metro stations in the Seoul metropolitan area[J]. Cities, 27(5): 358-368.

SONG J, ZHAO C, ZHONG S, et al., 2019. Mapping spatio-temporal patterns and detecting the factors of traffic congestion with multi-source data fusion and mining techniques[J]. Computers, Environment and Urban Systems, 77: 101364.

SONG Y, WANG J, GE Y, et al., 2020. An optimal parameters-based geographical detector model enhances geographic characteristics of explanatory variables for spatial heterogeneity analysis: cases with different types of spatial data[J]. GIScience & Remote Sensing, 57(5): 593-610.

STOKOLS D, 1978. Environmental psychology[J]. Annual Review of Psychology, 29(1): 253-295.

SU S, ZHANG H, WANG M, et al., 2021. Transit-oriented development (TOD) typologies around metro station areas in urban China: a comparative analysis of five typical megacities for planning implications[J]. Journal of Transport Geography, 90: 102939.

SU S, ZHAO C, ZHOU H, et al., 2022. Unraveling the relative contribution of TOD structural factors to metro ridership: a novel localized modeling approach with implications on spatial planning[J]. Journal of Transport Geography, 100: 103308.

SUN G, ZACHARIAS J, MA B, et al., 2016. How do metro stations integrate with walking environments? results from walking access within three types of built environment in Beijing[J]. Cities, 56: 91-98.

SUNG H, OH J T, 2011. Transit-oriented development in a high-density city: identifying its association with transit ridership in Seoul, Korea[J]. Cities, 28(1): 70-82.

TANG J, GAO F, LIU F, et al., 2020. Spatial heterogeneity analysis of macro-level crashes using geographically weighted poisson quantile regression[J]. Accident Analysis & Prevention, 148: 105833.

TENG L, ZHONG C, CAI D, 2022. Study on the spatial type differentiation of Guangzhou metro TOD zones: based on "node-place-linkage" coupling model[J]. Economic Geography, 42(04): 103-111.

VALE D S, 2015. Transit-oriented development, integration of land use and transport, and pedestrian accessibility: combining node-place model with pedestrian shed ratio to evaluate and classify station areas in Lisbon[J]. Journal of Transport Geography, 45: 70-80.

VALE D S, VIANA C M, PEREIRA M, 2018. The extended node-place model at the local scale: evaluating the integration of land use and transport for Lisbon's subway network[J]. Journal of Transport Geography, 69: 282-293.

WANG D, ZHOU M, 2017. The built environment and travel behavior in urban China: a literature review[J]. Transportation Research Part D: Transport and Environment, 52:

574-585.

WANG J F, HU Y, 2012. Environmental health risk detection with GeogDetector[J]. Environmental Modelling & Software, 33: 114-115.

WANG J F, ZHANG T L, FU B J, 2016. A measure of spatial stratified heterogeneity [J]. Ecological Indicators, 67: 250-256.

WANG J, LI X, CHRISTAKOS G, et al., 2010. Geographical detectors-based health risk assessment and its application in the neural tube defects study of the Heshun region, China[J]. International Journal of Geographical Information Science, 24(1): 107-127.

WANG R, LU Y, WU X, et al., 2020. Relationship between eye-level greenness and cycling frequency around metro stations in Shenzhen, China: a big data approach[J]. Sustainable Cities and Society, 59: 102201.

WANG Y, CORREIA G H de A, DE ROMPH E, et al., 2017. Using metro smart card data to model location choice of after-work activities: an application to Shanghai[J]. Journal of Transport Geography, 63: 40-47.

WARTENBERG D, 1985. Multivariate spatial correlation: a method for exploratory geographical analysis[J]. Geographical Analysis, 17(4): 263-283.

WU R, ZHANG J, BAO Y, et al., 2016. Geographical detector model for influencing factors of industrial sector carbon dioxide emissions in Inner Mongolia, China[J]. Sustainability, 8(2): 149.

YU N, DE ROO G, DE JONG M, et al., 2016. Does the expansion of a motorway network lead to economic agglomeration? evidence from China[J]. Transport Policy, 45: 218-227.

ZHANG D, WANG X (Cara), 2014. Transit ridership estimation with network Kriging: a case study of second avenue subway, NYC[J]. Journal of Transport Geography, 41: 107-115.

ZHANG X, GAO F, LIAO S, et al., 2021. Portraying citizens' occupations and assessing urban occupation mixture with mobile phone data: a novel spatiotemporal analytical framework[J]. ISPRS International Journal of Geo-Information, 10(6): 392.

ZHAO J, DENG W, SONG Y, et al., 2013. What influences metro station ridership in China? Insights from Nanjing[J]. Cities, 35: 114-124.

ZHAO J, DENG W, SONG Y, et al., 2014. Analysis of metro ridership at station level and station-to-station level in Nanjing: an approach based on direct demand models[J]. Transportation, 41(1): 133-155.

ZHOU Y, LI X, LIU Y, 2020. Land use change and driving factors in rural China during the period 1995—2015[J]. Land Use Policy, 99: 105048.

ZHU L, MENG J, ZHU L, 2020. Applying geodetector to disentangle the contributions of natural and anthropogenic factors to NDVI variations in the middle reaches of the Heihe River Basin[J]. Ecological Indicators, 117: 106545.

附　录

附录一　广州市 TOD 站域的类型

附表1　广州市 TOD 站域的类型

地铁站点	按空间功能指数分类	按空间效能指数分类	按耦合协调度分型
白江	I	1	勉强协调
白云大道北	I	3	良好协调
白云东平	I	3	良好协调
白云公园	I	4	良好协调
白云文化广场	I	4	良好协调
板桥	I	2	勉强协调
车陂南	I	2	良好协调
车陂	I	2	良好协调
赤草	I	1	轻度失调
赤岗	I	2	良好协调
从化客运站	I	3	勉强协调
大观南路	I	2	良好协调
大沙地	I	3	良好协调
大沙东	I	3	良好协调
大石	I	2	勉强协调
大塘	I	2	良好协调
大学城北	I	3	良好协调
大学城南	I	3	良好协调
大涌	I	1	勉强协调
低涌	I	1	勉强协调
东风	I	1	轻度失调
东圃	I	2	良好协调

续附表 1

地铁站点	按空间功能指数分类	按空间效能指数分类	按耦合协调度分型
东晓南	I	3	良好协调
东涌	I	1	轻度失调
番禺广场	I	3	勉强协调
芳村	I	4	良好协调
飞鹅岭	I	1	轻度失调
飞沙角	I	1	勉强协调
飞翔公园	I	4	良好协调
枫下	I	1	轻度失调
凤岗	I	1	勉强协调
高塘石	I	2	勉强协调
高增	I	1	勉强协调
官湖	I	1	勉强协调
官洲	I	2	良好协调
广隆	I	1	轻度失调
广州北站	I	3	勉强协调
广州东站	I	4	良好协调
广州南站	I	1	勉强协调
广州塔	I	4	良好协调
海傍	I	1	勉强协调
海心沙	I	2	良好协调
汉溪长隆	I	2	良好协调
何棠下	I	1	勉强协调
河沙	I	3	良好协调
鹤洞	I	2	良好协调
横沙	I	3	良好协调
红卫	I	1	轻度失调
花城路	I	3	良好协调
花地湾	I	3	良好协调
花都广场	I	3	勉强协调
花都汽车城	I	1	勉强协调
花果山公园	I	3	勉强协调

续附表 1

地铁站点	按空间功能指数分类	按空间效能指数分类	按耦合协调度分型
黄陂	Ⅰ	2	勉强协调
黄边	Ⅰ	3	良好协调
黄村	Ⅰ	2	良好协调
黄阁	Ⅰ	1	勉强协调
黄阁汽车城	Ⅰ	1	勉强协调
黄沙	Ⅰ	4	良好协调
会江	Ⅰ	2	勉强协调
机场北(2号航站楼)	Ⅰ	1	轻度失调
机场南(1号航站楼)	Ⅰ	1	轻度失调
嘉禾望岗	Ⅰ	3	良好协调
江夏	Ⅰ	2	良好协调
蕉门	Ⅰ	3	勉强协调
滘口	Ⅰ	3	良好协调
金峰	Ⅰ	2	勉强协调
金坑	Ⅰ	1	轻度失调
金洲	Ⅰ	3	勉强协调
京溪南方医院	Ⅰ	2	良好协调
菊树	Ⅰ	4	良好协调
柯木塱	Ⅰ	2	勉强协调
科学城	Ⅰ	4	良好协调
科韵路	Ⅰ	2	良好协调
坑贝	Ⅰ	1	轻度失调
坑口	Ⅰ	3	良好协调
沥滘	Ⅰ	2	勉强协调
莲塘	Ⅰ	1	勉强协调
龙洞	Ⅰ	3	良好协调
龙归	Ⅰ	2	勉强协调
龙溪	Ⅰ	2	勉强协调
鹭江	Ⅰ	2	良好协调
萝岗	Ⅰ	3	勉强协调
洛溪	Ⅰ	3	良好协调

续附表 1

地铁站点	按空间功能指数分类	按空间效能指数分类	按耦合协调度分型
马鞍山公园	I	1	勉强协调
马沥	I	1	轻度失调
梅花园	I	3	良好协调
磨碟沙	I	2	良好协调
南村万博	I	2	良好协调
南岗	I	3	勉强协调
南海神庙	I	2	勉强协调
南横	I	1	勉强协调
南浦	I	3	勉强协调
南沙客运港	I	1	勉强协调
南洲	I	3	良好协调
琶洲	I	2	良好协调
清埗	I	1	勉强协调
清塘	I	1	勉强协调
庆盛	I	1	轻度失调
人和	I	3	勉强协调
如意坊	I	4	良好协调
三溪	I	2	良好协调
沙贝	I	2	勉强协调
沙村	I	1	勉强协调
沙涌	I	2	良好协调
沙园	I	3	良好协调
厦滘	I	3	良好协调
山田	I	1	轻度失调
神岗	I	1	轻度失调
神舟路	I	3	勉强协调
石壁	I	2	勉强协调
石碁	I	1	勉强协调
石溪	I	3	良好协调
市桥	I	3	良好协调
双岗	I	2	勉强协调

续附表 1

地铁站点	按空间功能指数分类	按空间效能指数分类	按耦合协调度分型
水西	I	2	勉强协调
苏元	I	2	勉强协调
太和	I	3	勉强协调
太平	I	1	轻度失调
潭村	I	4	良好协调
坦尾	I	3	良好协调
汤村	I	1	勉强协调
棠东	I	4	良好协调
塘坑	I	1	轻度失调
体育中心	I	4	良好协调
天河公园	I	4	良好协调
天河客运站	I	2	良好协调
天河智慧城	I	2	勉强协调
同福西	I	4	良好协调
同和	I	3	良好协调
万胜围	I	4	良好协调
旺村	I	1	勉强协调
文冲	I	3	良好协调
五山	I	2	勉强协调
西场	I	4	良好协调
西塱	I	2	勉强协调
夏良	I	1	勉强协调
夏园	I	2	勉强协调
暹岗	I	2	勉强协调
香雪	I	3	良好协调
萧岗	I	2	勉强协调
晓港	I	4	良好协调
谢村	I	1	勉强协调
新港东	I	2	良好协调
新和	I	1	轻度失调
新南	I	1	轻度失调

续附表1

地铁站点	按空间功能指数分类	按空间效能指数分类	按耦合协调度分型
新沙	Ⅰ	1	轻度失调
新塘	Ⅰ	1	勉强协调
新造	Ⅰ	2	勉强协调
浔峰岗	Ⅰ	2	良好协调
燕岗	Ⅰ	3	良好协调
永泰	Ⅰ	2	良好协调
鱼珠	Ⅰ	3	良好协调
裕丰围	Ⅰ	2	良好协调
员村	Ⅰ	2	良好协调
员岗	Ⅰ	2	勉强协调
越秀公园	Ⅰ	4	良好协调
增城广场	Ⅰ	3	勉强协调
长㴳	Ⅰ	3	良好协调
长平	Ⅰ	3	勉强协调
镇龙	Ⅰ	1	轻度失调
镇龙北	Ⅰ	1	轻度失调
镇龙西	Ⅰ	1	勉强协调
知识城	Ⅰ	3	勉强协调
植物园	Ⅰ	3	良好协调
中大	Ⅰ	2	良好协调
中新	Ⅰ	1	轻度失调
钟村	Ⅰ	2	勉强协调
钟岗	Ⅰ	1	轻度失调
钟落潭	Ⅰ	1	勉强协调
朱村	Ⅰ	1	勉强协调
竹料	Ⅰ	1	勉强协调
宝岗大道	Ⅱ	4	良好协调
昌岗	Ⅱ	4	良好协调
陈家祠	Ⅱ	4	良好协调
大剧院	Ⅱ	4	良好协调
东湖	Ⅱ	5	良好协调

续附表1

地铁站点	按空间功能指数分类	按空间效能指数分类	按耦合协调度分型
东山口	Ⅱ	4	良好协调
动物园	Ⅱ	4	良好协调
凤凰新村	Ⅱ	3	良好协调
妇儿中心	Ⅱ	4	优质协调
海珠广场	Ⅱ	5	优质协调
花城大道	Ⅱ	4	良好协调
华师	Ⅱ	4	良好协调
黄花岗	Ⅱ	4	良好协调
黄埔大道	Ⅱ	5	优质协调
纪念堂	Ⅱ	5	优质协调
江南西	Ⅱ	4	良好协调
江泰路	Ⅱ	4	良好协调
客村	Ⅱ	4	良好协调
烈士陵园	Ⅱ	5	优质协调
猎德	Ⅱ	4	良好协调
林和西	Ⅱ	4	良好协调
农讲所	Ⅱ	5	优质协调
区庄	Ⅱ	4	良好协调
三元里	Ⅱ	4	良好协调
沙河顶	Ⅱ	4	良好协调
市二宫	Ⅱ	4	良好协调
淘金	Ⅱ	5	优质协调
体育西路	Ⅱ	4	优质协调
体育中心南	Ⅱ	4	良好协调
天河南	Ⅱ	4	良好协调
天平架	Ⅱ	4	良好协调
团一大广场	Ⅱ	5	优质协调
文化公园	Ⅱ	5	良好协调
五羊邨	Ⅱ	5	优质协调
西村	Ⅱ	4	良好协调
小北	Ⅱ	4	良好协调

续附表 1

地铁站点	按空间功能指数分类	按空间效能指数分类	按耦合协调度分型
燕塘	Ⅱ	4	良好协调
杨箕	Ⅱ	4	良好协调
一德路	Ⅱ	5	优质协调
长寿路	Ⅱ	4	良好协调
中山八	Ⅱ	4	良好协调
珠江新城	Ⅱ	5	优质协调
北京路	Ⅲ	5	优质协调
岗顶	Ⅲ	4	良好协调
公园前	Ⅲ	5	优质协调
广州火车站	Ⅲ	4	良好协调
石牌桥	Ⅲ	5	优质协调
西门口	Ⅲ	5	优质协调

附录二 中国轨道 TOD 发展的指标体系

附表 1　中国轨道 TOD 发展的指标体系

一级指标	二级指标	三级指标
TOD 指数	交通效率指数	交通可达性
		接驳公交线路数量
		停车位数量
		道路拥堵程度
		站点客流量
		交通服务设施数量
	发展潜力指数	人口数量
		可开发土地面积
		企业数量
		位置信息服务热力
	物业价值指数	住宅总建筑面积
		写字楼总建筑面积
		住宅价格
		写字楼平均租金
	幸福体验指数	绿地及公共空间面积
		商业生活服务设施数量
		医疗服务设施数量
		教育文体设施数量
		其他公共服务设施数量

注：该指标体系由中国城市轨道交通协会、西南交通大学 TOD 研究中心、政法学院等合作研发编制。

附录三 美国 TOD 标准——指标体系和评价方法

附表1 美国 TOD 标准——指标体系和评价方法

一级指标	二级指标	三级指标	计算方法
步行	人行道	人行道网络完整度的百分比（无障碍走道占总人行道的百分比）	符合条件的人行道长度÷与街区相邻的人行道总长度
步行	人行横道	道路交叉口密度	合格的过街设施交叉口的数量÷行人过街设施交叉口总数
步行	视觉上活跃的门面	与室内建筑活动有视觉联系的走道段的百分比	视觉活跃的公共走道路段数量÷公共人行道路段的总数
步行	物理上可渗透性临街面	每100m街区临街面的商店、建筑入口和其他行人通道的平均数量	公共走道的出入口数量÷每间隔100m毗邻公共走道的街区正面的总长度
步行	遮阴庇护所	在人行道上有足够的遮阳棚设施的路段的百分比	包含阴凉或遮蔽元素的路段的数量÷人行道总数量
自行车	自行车网络	进入安全的自行车街道和路径网络	统计不符合安全骑行条件的街道、道路网段；统计不安全自行车路段且距离安全路段超过200m的建筑物入口
自行车	在中转站停放单车	中转站内提供充足安全的自行车停车设施	统计任何没有提供多空间、安全的自行车停放设施的车站
自行车	建筑物内的自行车停车场	提供充足、安全自行车停车场的建筑物百分比	提供合格自行车停车位的建筑数量÷车站站域范围内所有建筑物
自行车	建筑物内自行车通道	允许访问和存放自行车的建筑物	根据规章制度或查询租户手册
连接	小街区	最长步行街的长度	根据卫星地图进行测量
连接	优先连接度	行人交叉口到机动车交叉口的比率	①所有具有适当人行道和人行横道的机动车交叉口算作行人交叉口。 ②量化所有交叉点，如下所示： (a) 四向交叉口＝1个交叉口； (b) 三向交叉口或"T"交叉口＝0.75个交叉口； (c) 五向交叉口＝1.25个交叉口。 将②除以①，以计算优先级连接比率

续附表1

一级指标	二级指标	三级指标	计算方法
交通	到公交站的步行距离	步行到达最近公交站的距离	利用地图、卫星照片、现场勘测测量建筑物入口到步行到最近公交站的距离
混合用途	补充用途	同一或相邻街区内住宅和非住宅用途的互补平衡	①计算站域内具有不同类型的区域；②从每个区域中选择典型样本；③计算每个样本中的主要用途的百分比；④将结果乘以每个区域的面积,计算该区域主要使用的加权平均值
	获得当地服务的机会	距离小学、医疗服务或药房以及新鲜食物来源步行距离内的建筑百分比	①绘制所有建筑和主要建筑入口的地图；②绘制所有新鲜食物的来源。绘制所有符合条件的小学和医疗服务的地图；③标记所有入口距离新鲜食物来源500m步行距离以内、距离小学或小学、医疗服务或药房1000m步行距离内的建筑
	进入公园和操场的机会	位于公园或游乐场500m步行距离内建筑物的百分比	①绘制所有建筑物和主要建筑物出入口的地图；②标记所有符合条件的公园和游乐场；③在距离符合条件的公园和游乐场500m步行距离内标记所有有入口的建筑
	经济适用房	经济适用性住房数量占住房总数的百分比	经济适用性住房数量÷总住房数量
	住宅保护	项目实施前居住在现场并在步行距离内进行重新安置或搬迁的家庭的百分比	①项目实施前确定现场符合条件的家庭数量；②确定现场保留、安置或选择补偿的符合条件的家庭数量；③确定距离原址250m、500m步行距离内重新安置的家庭的数量；④将③中的住户数量与①中的进行对比
	商业和服务的保护	项目所在地原有的为当地居民服务的企业和服务机构保留在现场或迁至步行距离内的百分比	①在项目施工开始前,确定项目现场符合条件的企业和服务的数量；②确定施工后在现场维护或重新安置的合格企业和服务的数量；③确定在前一地点500m步行距离内重新安置的符合条件的企业和服务的数量；④将步骤②中获得的数字与步骤①中获得的数据进行比较

续附表 1

一级指标	二级指标	三级指标	计算方法
密度	非住宅密度	非住宅容积率	非住宅的总楼面面积÷土地面积
	居住密度	住宅容积率	住宅的总楼面面积÷土地面积
紧凑程度	城市场地	已建成的可开发场地的百分比	已建成的可开发场地的总面积÷车站站域范围内可开发场地物业的总面积
	交通选择	步行距离内可选择不同交通方式的数量	统计步行距离内所有公交服务数量、辅助公交服务数量和公共自行车站数量
快速移动	道路外停车设施	停车面积占土地面积的比例	道路外所有停车区域和车道的累积面积÷土地总面积
	车道密度	街区临街面每100m的平均车道数	与人行道相交的车道总数÷街区临街面的总长度
	道路面积	机动车行驶和路边停车的总路基面积占开发面积的百分比	交通车道和路边停车的总面积÷开发场地的总土地面积